U0017327

練氣養生入門

太極

導引

熊衛◎著

我心能一　氣自沛然

「太極導引」與養生健身

世界上各民族都有其調養身心的方法，這與其人種、地理及人文環境有密切的關係。亞洲作為一個古文明區，自然也早就蘊育了豐富而多樣的身心之學，其中中國與印度的成就最為可觀。中國人在地理環境、人種特質及充實的文化條件下，發展出獨樹一幟的身體文化，在亞洲文化圈中自有其深遠的影響。由於幅員廣袤，風土各異，在中國廣大的土地上，自然形成流派特多又各擅勝場的養生練氣的法門，其中太極拳就是大家公認極為優異的一種。它形成的時間並非特別早，因而能巧妙融合諸種特長：具有道家哲理、兵家武學，及北方拳術的精華。而這一種特長到了現代社會，又經有心人士的成功轉化，不僅不曾被時間淘汰，反而被調整為適合現代生活的養生、防身運動，熊衛先生及其「太極導引」，就是這類轉化成功的典型。

熊先生創行之「太極導引」，乃是累積了三、四十年的心血結晶，並非一時興起的拼湊之作。他常提起自己的學拳機緣，是在生命困頓之際，掌握了置之死地而後生的契

機。所以他學拳之勤奮、專注，實非一般健康人所能體會。而一旦由此重創生機，他練拳之專注、勤奮，也絕非一般人所能企及。在台灣的太極拳史上，熊先生有幸從學於諸名家：從啓蒙的李壽籛先生開始，始學楊家；又隨周增霖先生學過郝家；南下工作時又有機緣溯其源流，從王晉讓先生學陳家趙堡架；此外他又有機會出入於諸大師之門，如鄭曼青先生等。熊先生學拳不僅要學好各家的拳經、拳架，更要參悟融會諸家的拳法拳格，常常思索爲何同出一源而又各具風格？在學與悟之間勤加體驗，確是一段漫長而充實的歲月。他的生活中無時非拳、無處非拳，他的專注，就是在反覆的演練中，尋思其中的根本道理。熟悉熊先生起居生活的

都會承認：太極拳就是他的生活、他的生命。

在一位拳家的生命歷程中，當練拳與他的生命、生活合而爲一時，即是行住坐臥無一非拳，其妙在悟。熊先生悟拳的一段體驗，他常說是從流汗中得到，從苦思中得到，經過長時間的專注演練後，在實際功夫與抽象理論中，終於融合一體。一些早期看過他練拳的前輩，在熊先生從高雄遷回台北後，目睹他練拳的氣象與推手的氣勢，曾說了一句很有意思的話：「今之熊衛非昔之熊衛。」今昔之間的變化，就在他的參道悟拳：把〈太極拳經〉上的理論落實到練拳的實踐中，不同的流派歸而爲一，還能運用自如，這種自如的境界，正是一位拳家在一生之中所要探求的高明之境。

　　熊先生從南部結束工作返回台北後，即再度展開教拳、授道的生活，最初只是在新店、三重，隨後有中廣、政大及一些機關單位紛紛敦聘傳授養生練氣的方法。就在這些傳授過程中，激發了將養生功法加以組織條貫的念頭，「太極導引」就是如此經過條理化、精練化的一套導引之術，融合了基礎功法及導氣六式、引體六式，他將修練諸家太極拳、丹功的豐富體驗，經由肢體、經絡的纏絞、伸張，達到鬆柔鬆透、守一入靜的效果。由於學習者男女老少均有，也就調整出適用面很廣的練習方式，因而引起許多人的興趣和好奇。這些年來國內外各種團體紛紛想要一探究竟，過去曾在出國傳藝時與體育、舞蹈人士接觸，而得到諸多比較的機會；而在台北則有更多的機關團體及表演團隊（如優劇場、雲門舞集等），希望經由中國式養生方法的訓練，獲致身心的調整。「太極導引」就在這一推波助瀾的情況下，讓大眾傳播媒體一再想要了解其中的奧秘。

　　從熊先生的談話中，學習者可以體會「太極導引」的風格就如熊先生的為人一樣，在平實中自有一種內蘊的力量。深知熊先生功力的人，都了解他有相當高明的「推手」功夫，這是李安導演的《推手》中熊門弟子指導的功夫形象；但是隨著年齡、世事的增長，這些行內人所欽羨的能力卻日漸內斂，他以平常心與世委蛇。「太極導引」的編成，就具現其在樸實無華中，可以培養出厚實的內在力量，一些深入而樂在其中者，都

能從熊先生的傳授中，領會到他的性格已貫注於導引的動作中，領會出他的拳格正是一種內斂而平實的表現，這些印象可以完全從書中傳達出來。

二十多年前開始從事中國道教養生學的研究，在實地訪談與參與學習的過程中，有幸得識熊先生。當時他正從南部北上授拳，在不斷地接觸與學習中，體會到他在太極拳中真正的實力與寶貴的心得，確實有獨到之處。後來更有幸直接參與熊先生編演成套「太極導引」的過程，乃深深悟及一套美好功夫的形成，確是長期的經營中，凝聚了多少的智慧、汗水與愛心，這也就是文化的傳續，一種身心文化的薪傳。熊先生就在諸多機緣之下，應一些同好的請求，將這套既傳統又現代的養生術公開刊行，實在是一大功德。由於多年來有幸從熊先生學習「太極導引」，也多少能從中體會其妙處，因此樂於推薦給同道同好。在本書的結集過程中，曾經李雅卿、曾永莉兩人的費心整理，讓它曾以初版順利面世，這一次又歷經精心地修訂、拍照，製作一本聯經版的「太極導引」，並配合VCD的真實呈現，確是同門同心協力的大好紀念，大家也以此感謝熊先生平日授拳傳道的成果及創法的辛勞，故特別敘述其諸多因緣樂為之序。

中央研究院中國文哲研究所研究員

隨緣 · 修心

以太極拳打開生死門

余幼年時，先天不足，體弱多病。及長，適逢日寇犯湘，東奔西走，後天又復失調，以致異常虛弱。來台後一度罹患重病，全身抽搐痠痛，時常嘔吐，先後數度住院醫治無效，乃改服中藥，亦無起色。中西醫均不明病源所在，內心甚感痛苦。後偶讀李壽籛先生所著《武當嫡系太極拳術》一書，欣悉斯拳功效宏大，有病者可以療病，無病者可以養生，並知悉李老師每日清晨在台北新公園授拳，因此渴望能有機會學習。

民國49年遵醫囑，出院休養，住處距新公園甚近，得親聆李師教益。其時李師年逾八十，精神健旺，步履輕靈，料係太極拳之功也。余初練時，因體力不支甚感疲乏，睡眠尤覺不足，枯燥無味，幾欲輟學。幸李師一再告誡，每日與談太極理論，並謂初練時固然乏味，一兩年之後，仍會有消沉的現象，屆時務必克服，否則前功盡棄，徒勞無功。於是朝夕不斷，風雨無阻，苦練勤練，一年之後，漸有心得，此時健康情形亦見好轉。如是信心大增，益加振奮，乃多方接觸揣摩，進一步研習推手，歷三年有餘，方意會

內勁和彈性與日俱增，精神體力與未習拳時相比，實不可同日而語。

53年12月1日晚間，余在台北近郊公路散步，被一輛超速救護車所撞，當時眼前一黑，人已昏迷，幸有友人隨行在後，即送醫急救，經醫師檢查，認為是腦受震盪，必須開刀。但是醫師再度抽脊髓檢驗時，余知覺已恢復。醫師大感驚奇，住院數日，即行出院，自行調養，約半月，即完全復元。余事後分析，完全得力於太極拳一個「鬆」字。因撞車當時，已習推手而有本能反應，完全放鬆，人被彈出時缺乏抗力，摔得雖重，但不致要命。

回憶多少年來練拳過程，體質改變了，興趣也增加了，但卻對太極拳產生諸多疑惑：

譬如同是太極拳，為什麼要有派別之分？其間真有相互不容之處？太極拳既被譽為高妙的身體文化，國內外流傳數千年而不衰，它到底好在那裡？尤其〈太極拳經〉上云：「一舉動，周身俱要輕靈」，「輕靈」究屬何意？「氣宜鼓盪，神宜內斂」中「氣」是什麼？如何鼓盪？「筋骨要鬆，皮膚要攻」，

如何鬆？如何攻？尤其是「一羽不能加，蟲蠅不能落」的境界，更加強我多方涉獵、訪求名家的決心。

因此，當時除了隨李壽籛先生修習楊氏太極拳外，再追隨周增霖先生學郝家太極拳，以後並一路追索到太極拳的發源地——陳家溝，隨王晉讓先生學陳家太極拳。此時雖將各家精華參悟修習，仍是疑惑未解，乃發奮自諸家典籍中摸索尋思，而於實際演練中印證領悟。

在此獨自摸索尋思的過程中，逐漸體會太極拳的修習，實不應停留在直來直往的手部動作與前弓後座的足部動作中，其動作的高低、起伏、快慢、虛實均應相互變化，無所窒礙；而身體內部氣的流轉，更應貫穿於拳式之內。所謂「周身貫串，節節相催」者確可做到。以後愈練愈妙，方知不但〈太極拳經〉、〈太極拳論〉所云，句句真實；甚至《老子》之內容，亦可於拳式拳法、身體動作中實際參證，至此方知古人誠不我欺也。

為避免後學者苦苦摸索，並鑑於太極拳式一蹴難成，乃將心得逐漸累積整理，編成「太極導引」十二式，作為練拳之先導。

民國77年7月，我應聘到南非教授太極拳，當地Witwatersrand大學，邀請我參加一個講解有關科學、物理治療疾病的專業問題，其中有兩位教授談西方的舞蹈、有氧運動、拳擊等肢體的活動；而我則負責講解中國古老的太極拳運動。我將纏絲勁的具體動作，配合老子的無為哲理，現身說法，將全

身九大關節，由淺而深逐漸鬆開，並藉著丹田的內轉，與氣沉丹田相結合的動作，推動體內波浪狀的運轉，將氣機推動到最高峰的四梢末端，而引起全身不由自主的共振現象時，在場人士無不驚訝與欣賞，當地報紙並大幅報導，認為中國的內功運動真是不可思議。

教拳以來弟子眾多，彼等皆自「太極導引」及基礎功始，然後依序演練諸家拳法。由於功底紮實而多有成就。民國79年6月，移民美國的弟子張仲仁，曾擔任李安《推手》的武術指導，教拳之餘並參加全美太極拳比賽，得到總冠軍的榮銜；民國80年11月，弟子黃國忠參加西班牙維多利亞第三屆世界杯國際武術錦標大賽，獲得個人太極拳拳術比賽銀牌與太極兵器組太極刀銀牌。這些弟子能夠在國外發揚太極拳文化，其努力而有佳績，消息傳來，頗覺欣慰。

近年來學生在外傳授「太極導引」人數逐漸增多，常將內部講義整理出版，版本眾多；有的就不斷地要求反應，乃將這些動作和心得增補修訂編輯成書，使有心研習者有一規矩可循，並期能對太極拳的發揚光大，有所幫助，還望海內外方家不吝賜正，是為序。

目次

綜論篇

風吹楊柳，生機盎然

「太極導引」源於中國傳統道家太極觀念中
「陰陽更生」的旋轉原理，擷取太極拳的動作
精華，配合養生功法，以達到內外合一、身
心再造的奇妙功效。

一．概說

「太極導引」係源於中國傳統道家太極觀念中「陰陽更生」的旋轉原理，擷取太極拳的動作精華，配合養生功法中以「後天之氣」培養「先天之炁」的導引方式，運用「圓」的無限運轉可能，設計出人體最大、最深運動量的保健法，以達到通體鬆柔、氣機鼓盪、柔中寓剛、極柔極剛的境界。

十二式「太極導引」，分為「引體」與「導氣」兩大部分。

「引體六式」在使人體九大關節──肩、肘、腕（手部三關）；腰、脊、頸（身軀三關）；胯、膝、踝（足部三關），透過無限放鬆式的旋轉扭絞，由外而內，由淺而深逐步絞緊鬆弛；並配合丹田內轉、氣沉丹田的纏絞作用，使人體從右指尖到左腳尖，從左指尖到右腳尖成為貫串、穿透的兩條交叉線。以致一動無有不動、一轉無有不轉，無所滯礙、無所牽制，成為一個通體旋轉的整體。並在呼吸吐納的交互配合下，使身軀、內臟得到微妙的自我按摩。一旋腕，力道就到腰胯；一轉踝，內氣即到指尖，而至整體的感覺就是「風吹楊柳，生機盎然」，使人

達到內外調和、靈動自如，而有綿綿不絕的創造意境。

「導氣」六式則在深、長、綿、勻的呼吸吐納中，配合肢體、筋骨的鬆透舒展，使氣息流注全身，不但縱向、橫向的氣機得以擴張，氣血並得深入腰隙。而脊柱腰頸因為修習者的延伸、拉動，更可增加它的彈性與韌性。這種貫串通身經絡的養氣練法，通常都

會引發氣機，產生氣動。如果修習者能以「無為」心境，使氣自然運行，即有助於經絡氣脈的通暢與健旺，達到調整身心、預防疾病的奇妙功效。因此「太極導引」十二式是以導氣配合引體，來改變現代生活中僵硬、呆滯的緊張用力方式，培養出鬆柔、彈性的剛強內勁，以達到內外合一、身心再造的圓融理想。

古人練拳，十年養氣，十年練功，因此修習者不可存有一暴十寒、即修即成的倖進心理。「太極導引」講究的是紮紮實實、吃苦流汗、痠楚鍛鍊的基本功夫，不但不可以小效而自滿，尤不可以未效而中輟。唯有如此，才能體會苦盡甘來、脫胎換骨的深沉喜樂。

二.步驟

1.先練引體，後練導氣

　　初習者先練「引體」，待身體內部經由伸縮、旋轉的運動，由淺的肌膚層進入深的肌膚層，產生彈性、增強韌性之後，再回頭練習「導氣」動作，就比較易於見效。但一旦百日築基，練好引體、導氣（如練習時間較少，則可能超過百日，以全套練完為準），就應按次序，先做「導氣」，以求練氣、養氣；然後再做「引體」，將練養得來的氣引導入骨髓，才易於體會功法的真正效益。

2.初練高姿，次及低姿

　　初練習時，可採用高姿勢，雙腿微彎即可。每天鍛鍊，需維持3個月到百日（或更長的時間）；待練習純熟，整個身體輕鬆靈活，毫無滯礙後，再進行中姿勢；又需維持半年的時間，才能使腰腿的韌性增強，不致覺得過於勞累；這時才可採用平腿的低姿，更易於見效。惟歷經高、中、低三種姿勢後，演練純熟，這時就可自由變化，總以靈活自然、式式得氣為原則。假如練習時，一開始就採中、低姿勢，則內部器官及氣脈較

不易有動盪之勢，只有表面的力的表現，反而減低了學習的效果。

3.通體圓柔，不尚拙力

「太極導引」所有的轉都是法天地之理，所謂「天無旋則毀，地無旋則墜，人無旋則枯」，古人所觀察的無非強調一切運動均循圓道的旋轉。因此修習時切忌直來直往的使用拙力，盡量保持圓弧的旋轉，使腕、肩、肘上部三關，腰、脊、頸中部三關，與胯、膝、踝下部三關，及丹田部分一動俱動，勁由腰出，以體會纏絲運動之妙。

4.全套單練，自行調整

「太極導引」全套十二式，平常每式各反覆12次（初學時次數的多寡，視體力酌予增減）需要兩小時。如時間不許可，每式減半，只練六式則需一小時。如因時間較為零散，可隨時隨地自行調整，可單獨練習一、二式；或對其中一式較不純熟、較有需要的，自選單練。惟需注意配合一引體、一導

氣，或一導氣、一引體，較易見效。一旦功夫純熟，就可視個人情況做適度的調整，以滿足體能所需。

5.擇地宜靜，放鬆得益

「太極導引」的動作以圓（旋轉）、遠（意識集中）、鬆（精神鬆弛）、柔（肌理放鬆）為原則，可依居住環境，選擇有樹木、水池者為上等場地。宜選在避風處，朝東行之，這類地方效果最佳。其餘依次自選，總以能見遠處、意識不受干擾者為宜。如有草地，可赤足行之，或以簡便的功夫鞋為宜。因為「導氣」時易於吸收天地靈氣；而「引體」時，腳跟的捻動、湧泉的接觸，均易於有得氣之感，並隨著旋轉的動作，讓氣的運行綿綿不斷。

三．層次

「太極導引」與太極拳相同，其精華不外「以意練意，以氣練氣」，而其修習過程可分爲五個層次：

1.放鬆

「太極導引」所講的「鬆」，不只是一般人所謂心意放鬆；或四肢放鬆，不加著力之鬆，而是透過圓的扭轉絞延，使身軀拉長，骨節脫開，四肢百骸無不鬆靈。唯有如此之鬆，方可使氣機流轉於周身，無所滯礙。

2.質變

修習者透過持續的肢體放鬆運動，慢慢累積，逐步增加自己的運動量，久而久之，放鬆部位所及的筋骨部分，將因骨液的增加而保護了關節上的軟骨組織，增加周圍血液的供應，而使其韌性大爲提高，這是從量變到質變的初期，身體內部的氣血亦因之而充盈。

3.運髓

這時由於骨節氣脈的暢通，可將「氣」運行至陰中之陰，就是在運動修習時，將內氣逐漸運行到骨髓深處，並進一步開發至各部分的微血管、五臟六腑之間，使周身細胞無不受到按摩振盪。而內氣的靈活調動，必要時可使內勁爆發，如同山洪崩流，壯闊奔騰。

4.交流

當全身鬆靜之際，內氣與外界的自然氣息自可交互流通，「天人合一」不只是一種理論式的冥想，而是確實可達的境界。

5.神入

「太極導引」或太極拳本是自我提升、自我鍛鍊的修己功夫，這種深沉內斂、鬆柔剛勁的修為，可改變一個人的氣質，使之雍容大度，與天地合德。此一時期，修習者將感覺精神愈用愈出，陽氣愈提愈盛，但是在此期間，進步亦愈緩慢。即所謂的「入愈深，進愈難，而其所見愈奇矣」。

四.階段

「太極導引」是透過肢體的旋轉放鬆，至心意的放鬆，再至周身鬆靈，氣體運行，而達天人合一的境界。因此它的練法可分為「由外而內」、「由內而外」、「內外合一」三個階段。

1.由外而內

由外部可見的肢體扭轉絞動，而至內部骨節關竅的鬆靈。此一階段，是練習的入門功夫，應從肢體的求鬆開始。

肢體要鬆，如何鬆？就是在練習每一個動作時，都必須由足部湧泉起，絞轉足踝，環繞小腿到膝，環繞大腿到胯，環繞腰部到脊柱、到肩、到肘、到腕。這樣節節相催，透過螺旋狀的旋轉絞扭，才能放鬆。

它的旋轉，是立體的，而非平面的，就像槍膛裡的來福線，射擊時自轉與拋物線的形狀旋轉結合，以45度角向前推進，這樣才能符合〈太極拳經〉所說的「綿綿不斷」。

它又像海中的波浪，一個圈圈套著另一個圈圈，由中心點（丹田）向四周逐漸擴大、擴大，而至虛極的層次。

〈太極拳經〉有云：「氣沉丹田，虛靈頂

勁」，也就是將意識往上提，氣往下沉才能放鬆。如此就要不斷加強意識的引導，整個身軀不可有絲毫拙力才能鬆。這時並應注意扭傷的可能，一定要掌握慢、悠的原則，切忌求成速效，雖身軀易感痠楚，也應忍耐。

在旋轉時，必須做到鬆腰、坐胯、開膝、圓襠，這樣的鬆，才能產生襠勁，也就是太極拳所重視的活靈勁。

此外，練拳時尤其要令其骨轉，因為骨的轉動，才能逐漸及於骨髓中的肌肉與微血管的按摩，而產生聲響，也才能漸漸鬆透。

呼吸的深、長、綿、勻，是配合動作的進行，無須強行著意。丹田的內轉即在活動的質量，催導內氣的運行。長期練習後，呼吸的頻率自會減少，肺活量和呼吸差也會增

大，運動的效果自然大為提高。

如「旋腕轉臂」正、隅式，手的部位就要能沉肩墜肘，坐腕、突掌、舒指等一連貫的動作，使身體前面逐漸絞轉，再擴及鎖骨，後背並擴及肩胛骨；再配合足部始自湧泉的纏繞上升，才能

使四肢的鬆緩幅度達到最高點，進而使胸腹間的僵硬部位逐漸減少，而至胸腹內臟無不獲得牽引按摩，而至放鬆。

再如「旋踝轉胯」，要做到外旋時旋到腰隙，內旋時旋到會陰，也就是要運動到前腹的膀胱、後面的腎臟，如此才能達到自我按摩的深處。

此外，「旋腕轉臂」、「旋踝轉胯」，是同一面向的旋轉，「通臂雙旋」是內部的旋轉，「旋腰轉脊」則是向左右兩極的旋轉，其旋轉要領都是一樣的。

當練習者未能旋轉到鬆的過程時，腹部、胸部都是實體，較為堅實；等到逐漸從手腕鬆到肘、鬆到鎖骨及肩胛骨，而深及命門，左右都能達到中心點，腿部也從旋踝轉膝、轉胯，再深入到左右腰隙及前面的會陰，而至命門的中心點時，四方交會，就能夠左右交叉運行，整個身軀自然鬆如流體。此時再配合運氣，

自能具有〈太極拳經〉所云「氣宜鼓盪」的現象。

2.由內而外

在由外而內的階段，是以肢體筋骨為主，表面的動作幅度較大，俟引動內部鬆靜後，再漸漸由內而外，以推動氣機的活動。

此時外部的動作相對幅度漸小，而內部的運動量反而增加，氣走骨縫，深及經髓，至細至微，無不至矣。

由內而外的階段，亦重心意的放鬆、主靜。如何靜？就是要使大腦皮層受到抑制，以求節流，使體內的耗氧量盡量減少。其做法在目不外視，使魂歸肝；耳不外聽，使精歸腎；盡量少說話，使神歸心；鼻不外嗅，使魄歸肺；用志不分，使意歸脾，凡此都在使人的心靜專一。

《老子》嘗云：「天得一以清，地得一以寧，神得一以靈，萬物得一以生。」這就是「抱元守一」的基本原理。

「抱元守一」時，修習者應體悟到：「外不有相，內仍有心，心在技在，以心作相」。這意味著靜中有動，動中有靜。因此「太極導引」中所謂的「靜」，絕不是那種「枯靜」，也不是「鬱靜」。

有人說求靜甚難，因為一靜下來就會思緒翻騰，難以遏抑，雖將意識集中丹田，卻又會想到其他事物。這表示誠意已弛，必須再把心收回來，不斷地弛往，不斷地收回，久而久之，自然就能靜下專一了。

3.內外合一

在此階段，身體已經鬆靈了，先天炁已經可以貫穿到每條經絡了，可動可靜，快慢由心。此時，就應以「善養」為主，因為能養而後能積，能積而後能充。

《孟子》說：「我善養吾浩然之氣。」他對氣的描述是淬於面，盎於背，而達於四肢；文天祥〈正氣歌〉中也稱其「沛乎塞蒼冥」。這些描述是真實的體驗，而非只是道德的理想。

養氣，如何養？首先要從日常生活中修養。每日早起時，想到萬物的生長，不要發怒，不要埋怨，心平氣和，以求肝臟的保養；做人處事，要內而整齊思慮，外而謹慎威儀，泰而不驕，威而不猛，以養心也；飲食有節，起居有常，做事有恆，容止有定，以養脾也；去私心，應萬物，裁之吾心而安，揆之天理而順，以養肺也；心安定，體安定，神安定，氣安定，以養腎也。如此久而久之，自然氣充神定，內外合一，達於天人合德之境。

如果我們平日不注意修養，經常心亂而不治，形躁而不寧，神散而氣越，志蕩而意昏，如此對健康來說，實是最大的敵人。因此身心合一的修練，才是「太極導引」乃至太極拳的首要原則。

原理篇

動靜陰陽，鬆柔自在

　　太極導引的精義在透過鬆腰坐胯、沉肩墜肘、坐腕、突掌、舒指、丹田內轉、含胸拔背、虛靈頂勁、上下相隨、內外相合的運動過程，將氣運到五臟六腑、骨髓深處，以徹底改變體質。

一. 鬆腰坐胯

　　練太極拳若不能悟出鬆腰的道理，則一切都流於空談。因為鬆腰才能坐胯，坐胯才能圓襠，這一連貫的動作，才能使身軀充滿彈性，使腰在每一個動作中左右調整、倒換、旋轉，才能逐漸及於腰隙深處。

　　當動作深入腰隙、及於湧泉後，才能在運用時，內勁不讓人知，而至彼不知我，我獨知人的境界。

　　這種放鬆層次的不斷提升，將使先天炁發動而自然流行於動作中，隨著經絡管道而散布全身。

因此練習時一定要重視鬆腰坐胯，胯與襠之間就如一線牽連著。所謂「坐胯」，就是兩胯側的環跳穴要向外張開，如果有一點內凹，就卡住了，就不能活襠；太極拳的活靈勁就不能產生，襠也不能圓，會陰穴就不會開，吊襠也就不會有什麼意義。吊襠既沒有意義，百會與會陰就不能構成意氣上的一條線，只是形式上的一條線罷了。如此進一步來說，就會影響真氣的運行，那「虛靈頂勁」將只是個名詞而已。

我們讀過《老子》有「天地之間，其猶橐籥乎，虛而不屈，動而愈出」，此「橐籥」即是中空的意思，有其自然之妙用。在這動靜之間，千變萬化，妙用無窮。練太極拳時，若不能領悟到吊襠將會陰穴與百會穴間的關係，即使功夫深入，也只是走陽剛之氣，而不易達到潛在的先天炁的運行，更不會達到「氣斂入骨」的效果。

所以「鬆腰坐胯」是練習的第一要務，唯有如此，才能慢慢體悟〈太極拳經〉所云：「渾身是手，手非手」的境界。

二．沉肩墜肘

練太極拳的要領之一在「沉肩墜肘」，也就是將肩肘部的骨節慢慢鬆開，讓氣運行至手指末梢。因此不但沉肩與墜肘兩者相連貫，也和坐腕、突掌、舒指的動作相配合。肩肘部的骨節要鬆開，如何鬆？不是將肩放低，將肘內收而已。而是藉著旋轉手臂的動作做先導，使肩、臂之間隨著練拳的動作，不斷翻轉，而至放鬆關節，疏通經絡。因此要朝上時，即使必須聳肩也在所不惜，只是翻轉後應隨即鬆下；否則只是為了要沉肩，始終不敢翻轉，試問肩部的骨節如何能開？

如何放鬆呢？

　　如果修習者能夠把握此一要領，久而久之，手臂的長度伸展開來會比原來長上10~15公分，這是因為肩部骨節經由這種不斷地翻轉，完全鬆開，且已延伸到前面的鎖骨、後面的肩胛骨之故。因此一鬆，就會伸長。此時，也可以體會到〈太極拳經〉所云：「進之則愈長」的道理。

三.坐腕、突掌、舒指

「坐腕」是腕部下坐，意念行於掌、臂相交之間；「突掌」是放鬆腕部，使意念著於拍掌相聯之處，也就是四指與掌心相交的勞宮穴附近；「舒指」則是放鬆腕部、掌部、指部，意念透過指尖，而達虛極的層次。

早年練拳時，我曾經忽略坐腕、突掌的動作，僅強調舒指，以致內氣滑至指梢，失去調整十二經絡的機會，殊為可惜。

因為腕關節是所有關節中最靈活的一個，也是全身脈匯之淵，稱為「氣口」，周身經絡無不通此，此何以中醫一搭脈，即知全身健康狀況之理。

因此「坐腕」這個動作非常重要，它可以使意氣在腕部停轉；接下來的「突掌」，可以運動手部的勞宮穴與少府穴，使之能鬆、能虛，這對日後與大自然間的氣機交換甚有助益；接下來的「舒指」，才是使氣運至手的末梢神經，也就是手指的尖端。

坐腕、突掌、舒指的動作是貫串的、連續的，它與「旋腕轉臂」的動作也是相聯的。

這種連續的旋轉、貫穿，由淺而深，就像是
活動的針灸；節節進催，使氣血通達每一經
絡，深入每一細胞，因此是非常重要的。

四.丹田內轉

　　所謂「丹田內轉」，就是吸、提會陰，收腹部，讓氣貼背。也就是使意氣自長強穴沿脊椎而上。這種吸、提的方法，可使呼吸量大大增加。

　　但是「丹田內轉」要配合「氣沉丹田」的動作，也就是放鬆腹部，進一步延伸，沉至湧泉，使腹部、胸部的不隨意肌均可獲得牽引運動。

　　當腹部放鬆後，將氣降到湧泉，隨即緊閉一會兒，自可增加吸提之力。這種氣沉丹田、丹田內轉的配合動作，使身軀內部如同一個大風箱，是鍛鍊深呼吸的必然要件。

　　如果修習者不能領悟「丹田內轉」與「氣沉丹田」的實際作用，僅默想氣沉丹田，則腹部、胸肌、脊椎、大椎都不能達到運動的目的。這就像只談深呼吸，卻不談內轉一樣，都不易明瞭太極運動何以能逐次深及臟腑的功能。

五.含胸拔背

「含胸拔背」也是太極拳最重要的訣竅之一，「含胸」與「拔背」可說是一體的兩面，同時也統一於「虛靈頂勁」的動作之中。

「含胸」要與腹部連接起來，也就是由於「丹田內轉」與「氣沉丹田」不斷地運作，身軀內部的動盪之勢加強，胸腰之間的活動範圍也比未絞轉以前的彈性大上好幾倍。因此遇上對方逼攻、強加力量時，一含胸，即可自然隨意將其力卸下，使對方無著力之感。

「拔背」就是將兩肩中間脊骨處似有鼓起之意，以配合「含胸」的需要。這時兩肩的活動，也要延伸到鎖骨及肩胛，且靈活圓轉，頭不可仰，也不可低。需能「含胸拔背」，氣才能自會陰穴經長強穴沿脊柱而上，一吸謂之「氣貼背」。假如不能做到含胸拔背，氣必從前胸而上，其氣短促且有氣悶胸部之感，其呼吸量也不會大量增加，充實於胸肺之內，如此養生也者就不是可能的事了。

六. 虛靈頂勁

練拳的人都知道要「虛靈頂勁」，許多拳書也強調這一點，但往往只從外形動作去說明。依我個人的練拳心得，除非已練到氣貫四梢，才會真正有「虛靈」的感覺，否則「虛靈頂勁」只是一個空洞的名詞，無由體會。

「虛靈」和「氣」實有密不可分的關係。練太極拳即是要學習將先天炁和後天氣相互充實於體內，並輸運到身體的四梢；頭髮即為四梢之首——血的末梢神經，故需運氣至此。起初練習呼吸時必須提襠，如此久而久

之襠漸漸開。開襠後才能確實做到會陰穴和百會穴虛虛對準，也就是太極拳所要求的「上下一條線」。至此，一提襠，氣即循沖脈上至頭頂，頭上便有微微發癢的感覺，這便是狹義的「虛靈頂勁」。

接著就要進一步學習將氣運至其他三梢，首先，牙齒是骨的末梢，究竟如何運氣至此呢？練纏絲勁時，要引動骨轉，骨能轉，氣才能運到骨節間的微血管深處，因摩擦而發出清脆的聲響，並自然延伸到骨的末梢。其次要將氣運到肉的末梢──舌頭，如何運呢？也是以螺旋狀由淺至深絞轉肌膚，俟內外均鬆，自可運氣至肉的末梢。最後還要將氣運至筋的末梢──手指和腳趾，就是靠纏絲勁把身體延伸到極致，氣達手指，手指自然會有微微震動的現象。

如果做到氣貫四梢，全身筋緩氣通了，就會因氣善感而靈，這種靈才是「虛靈」，此時才能完全掌握「虛靈頂勁」的原則。

七．上下相隨

要做到上下相隨，首先要能練到將所有太極拳的要領，統一於一個動作之中，也就是「太極導引」所稱的「三旋合一」。

「上」就是旋腕轉臂，「中」就是旋腰轉脊，「下」則是旋踝轉胯。三個動作合而為一，全身九大關節，一動俱動。同時意識與動作要配合得輕靈而無絲毫滯塞之處，九大關節都要節節鬆開，胯與身軀僅是一線之牽；全身自手部鬆至湧泉穴，而內部的勁則暗藏於動作之中，所有關節間之軟骨組織因骨液的增加，韌性已經堅強，與人推手，完

全以意識為主導，也就是動於無形之中。如此肌膚與意識，能達到「外不有相，內仍有心」，整個身心相通，才能達到上下相隨的

境界。

〈太極拳譜〉所稱：「上下相隨人難進」，這是多麼細密的功夫，所以上下相隨的要領是練拳時應追求的目標之一。

八.內外相合

內外相合與上下相隨之間，必須具有同樣的基礎，才能達到較高層次的境界。其過程要經過多少自然循環、全身痠楚的現象，否則仍是表面的，不能運氣到陰中之陰。因為內部不隨意肌及臟腑，平常一般的運動是達不到的。因此練習者既要掌握太極拳的要領，又要有運動量及深層意識的加強，才能改變體質。

在這種意氣配合的形勢上，有如大海中有無盡的能量在推動，所以整個身軀內外，正如波浪般的動盪，此何以前人稱內功拳為「浪勁」的原因。

太極拳內勁的動盪是立體形的，並非來自一個方向，它是由上下、左右、浮沉等多方面所構成的，包含在無形的動作中，是綿綿不斷的。要真正達到這種內外相合的整體，在觀

念上要深深體會出絕對的放鬆，這正是符合
「無爲而爲」的道家哲理。

　在這種運動的過程中，會經過循環性的疲
乏，這也證明是眞正運動到最深層的臟腑
了。也許有人會懷疑，是不是已生病了，其
實它正是身體生命力的調整，也是內外磁場
的感應，整個身體與內外環境間會有自發性
的共振，這就是「內外相合」。

基礎篇

由淺而深，循序漸進

萬丈高樓平地起，太極導引的基礎功法：雙
併旋轉、雙分旋轉、垂直升降、旋轉升降、
弧線升降、跌宕升降、蹲馬步，如此由淺而
深、循序漸進，也是深入太極拳不可或缺的
基本功夫。

「太極導引」基礎功法分七式，乃是擇取自諸家太極拳的基本功法，經過調整之後，由淺而深，由易而難，以之增強體力、韌性，調和氣血、氣機。行家常說：「練拳不練功，到老一場空」，就是指這些基礎功夫的重要，練「太極導引」也一樣講究紮實的基本功。

基礎功七式是：

第一式：雙併旋轉

第二式：雙分旋轉

第三式：垂直升降

第四式：旋轉升降

第五式：弧線升降

第六式：跌岔升降

第七式：蹲馬步

除「蹲馬步」外，共分三組：旋轉二式借旋轉按摩膝蓋，使氣血透過委中、委陽、三陰谷三穴，使其發熱而分散風、祛濕、補和氣血、補虧損之作用。膝者為人身站立行走之軸，乃是延年益壽的關鍵，故第三、四式的升降二式，講究由腰力帶動膝、腿上下。第五、六式則為高難度動作，在升降中訓練脊椎使之運動，又使腰胯放鬆而有勁。是為練內勁、內氣的功法，讓人身心放鬆，生氣勃發。

一.雙併旋轉

2-1   2-2   2-3

練法

①兩腿併立微曲,雙手輕扶膝蓋,上身放鬆,腳心湧
　泉穴放空,以腳掌著地(圖1)。

②膝蓋由左向右旋轉,旋轉時重心自然從腰隙經膝蓋
　貫串到腳掌,胯部不可升高,緩緩轉動,36次(圖
　2-1~2-3)。

③相反方向，由右向左動作，也
　旋轉36次（圖3-1~3-2）。

④恢復圖1的屈膝姿勢，然
　後緩緩站立（圖4）。

要點

①旋轉時務必要緩、要勻，方
　不會受傷，旋轉程度也才能
逐漸深入關節。

②上身應盡量放鬆，方可以膝關節的旋轉，
　帶動全身的九大關節。

③姿勢可漸次放低，旋轉弧度亦可隨體力做
　調整（圖5-1~5-2）。

年長、體弱者若雙手扶膝感到吃力，可先
將手置於大腿上，待柔軟度增加後，再放
低姿勢。

二．雙分旋轉

1

練法

① 兩腿分立，同外肩寬，屈膝，呈平腿姿勢，上身自然垂直，雙手輕扶膝蓋（圖1）。

② 收腹、提會陰，右膝往下壓至平貼地面，重心移於左腳（圖2-1）。然後重心後移到右腳，並盡量往後坐（圖2-2）。

3

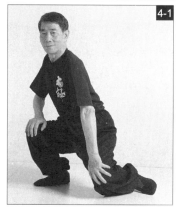

4-1

4-2

③重心移回左腳，抬起右膝，並恢復動作①
之姿勢。

④左右相反，重複以上動作（圖4-1~4-2），
然後雙膝下壓平貼而坐，脊椎中正（圖
5），至此為一次。

⑤左右反覆，各做36次。

要點

①上身始終保持垂直，不可哈腰、突臀。

②平腿時大腿與小腿盡量保持垂直，臀部放
鬆，如坐椅上。

③膝蓋往下壓之前，
務必做到收腹、提
會陰，方能以
丹田之力帶動
身體動作。

三.垂直升降

練法

①雙手前舉，雙腳併立，然後雙手前伸，再緩緩放下；此時雙腿分立，與肩同寬，腳掌互相平行。雙手前舉，掌心向下，沉肩、墜肘，雙手坐腕、舒指（圖1）。

②鬆腰、坐胯，身體緩緩下沉，蹲低到底，雙手也鬆放，自然垂地（圖2-1～2-4）。

2-1

2-2

2-3

2-4

③翻轉掌心向上，雙手逐漸平舉過膝，同時抬腿至平腿姿勢（圖3-1～3-2）。

④收腹、提會陰，提氣至丹田，身體略起。

⑤稍微放鬆身體，再次收腹、提會陰，提氣至胸口，身體更起（圖3-3）。

⑥稍微放鬆身體，三度收腹、提會陰，提氣沿脊柱而上至大椎，身體全起，雙手順勢上舉至頭頂（圖3-4）。

⑦身體略沉，雙手收到胸前；然後翻轉手臂，向正前方緩緩推出，並盡量延伸。至此為一次（圖4）。

⑧反覆做36次。

4

要點

①身體向下沉到底時，緩緩呼氣，可助全身
完全放鬆。

②腳底始終平貼地面，切勿抬起腳跟。

③上身保持輕鬆垂直，百會與會陰上下成一
直線。

四. 旋轉升降

1

練法

①雙腳分立，與肩同寬，雙手自然垂於身體前側（圖1）。

②上身轉向左，右肩下沉，右手呈螺旋狀向下旋轉，並帶動身體下沉，到右膝觸地，重心即置於左腿（圖2-1~2-3）。

2-1

2-2

③仍以右手旋轉之力帶動肩、腰，使身體轉至正面，右膝順勢而起，呈平腿姿勢。

④上身轉向右，動作要領相同，左肩下沉，左膝觸地，重心置於右腿（圖3-1~3-3）。

⑤左手呈螺旋狀旋轉，帶動身體漸起。

⑥仍以左手旋轉之力帶動肩、腰，使身體轉至正面，恢復動作①之姿勢。

⑦左右相反，重複以上動作，至此為一次。

⑧反覆做36次。

要點

①旋轉身體時，應以腰為軸。

②上身始終保持平直、放鬆，肩膀下沉。

③練習到相當階段時，往上旋轉的彈力應由腳跟而上，依次從湧泉至腳踝、小腿；至膝、大腿、胯、腰隙；沿脊椎而上，直至頸部和百會，然後再依次往下旋行。

五．弧線升降

練法

①兩腿分立，與肩同寬，雙手自然垂放於身體前側（圖1）。

②上身保持平直，緩緩後仰至15度左右，使脊柱成弧形（圖2）。

2 側

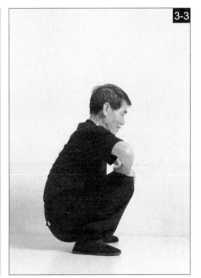

③緩緩擺正身體，同時鬆腰、坐胯，身體下
　沉（其勢如垂直升降）（圖3-1~3-3）。

④手扶膝蓋，抬起臀部，上身與地面平行，
　胸部盡量貼大腿。抬頭，眼睛前視（圖4-

1）。

⑤尾閭上頂，用腰腹之力往前挺，身體趁勢
　挺起（圖4-2）。

⑥身體向後仰，成15度弧線，然後緩緩擺

正。至此爲一次（圖5-1~5-2）。

⑦反覆做36次。

要點

①動作緩慢而連續，不可中斷。

②身體的運動重心在腰部，往後帶動，或往
前挺，都使用腰力，使其外形如弧形。

③此式能令不常運動者的大腿肌充分地張

弛，初練者開始或會雙腿發抖，無法支
撐，應視各人的體能調整練習次數。

六. 跌岔升降

練法

① 兩腿分開向外，較
外肩寬，屈膝如高
椿馬步（圖1）。

② 轉向左方，屈左
腿，右腿伸直，成
弓箭步，重心置於
左腳；雙手自然置左膝上，然後緩緩旋轉
左膝，左右各6次（圖2-1~2-2）。

③ 左膝向前旋轉，身體順勢轉成正
面並坐下，右腳平

貼於地，右腳尖向上翹起，重心仍置於左腿；然後左膝趁勢平壓至地，身體轉向右方（圖3-1~3-3）。

④以腰為軸，旋轉上身，左右各6次。

⑤抬起左膝，身體轉正，如圖3-2之姿勢，左腳盡量靠近臀部，然後藉小腹之力起身，恢復①之姿勢。

⑥左右相反，重複以上動作。至此為一次。

⑦反覆做36次。

要點

①成弓箭步旋轉膝蓋時，雙手置膝上，可幫助加大旋轉的弧度。

②旋轉上身時，盡量壓低腰部，令頭部與腿接觸。

七.蹲馬步

練法

①雙手前舉，掌心向下（圖1），沉肩、墜
　肘、鬆腰、坐胯，屈膝半蹲。

②馬步分中、高、低三種架式，高架只需鬆
　腰坐胯（圖2），中架時大小腿約成135度
　角（圖3），低架時屈至平腿（圖4）。

③靜心調息，保持穩定，直到確實無法支撐

時，先完全下蹲，然後再緩緩起身。

要點

①無論何種架式，上身必須保持垂直，不可
前傾（圖5）或後仰（圖6）。

②腳掌始終平貼地面，重心後移。初練者會
覺得腿特別痠，且有往後倒的感覺，應設
法維持在後倒的臨界點上。

導氣篇

收斂心神，逐漸入靜

「導氣」功法包括上、下、左、右、斜舉、
前彎等姿勢，能令氣血流動於經絡之中，最
後再抱元守一、收斂心神，使修習者逐漸入
靜，呼吸綿細深長，通暢健旺。

「太極導引」十二式分導氣六式、引體六式。初練時，先練「引體」，等身體的內部因不斷地伸縮旋轉，而產生彈性、韌性後；再練「導氣」，使氣能暢行於身軀、筋節中。等「導氣」的動作完全純熟之後，就可按原來十二式的先後順序，先導氣、養氣，使氣機暢旺，然後再將氣引入身體、進入骨髓，達到練氣養生的效果。

導氣六式是：

第一式：呼吸以踵

第二式：南北拉極

第三式：氣機交替

第四式：推手舒展

第五式：引腕彎腰

第六式：抱元守一

前五式包括上、下、左、右、斜舉、前彎等姿勢，大體能讓氣血流動於肌膚、骨髓及經絡之中，最後一個動作再進行「抱元守一」，以收斂養心神，使整個人逐漸入靜，保持靜定。這時呼吸綿細深長，讓人心神安寧，生機蓬勃。

一.呼吸以踵

練法

①兩腿併立，腳底
平貼地面；然後雙
手自然鬆垂於身
前，掌心朝後。頭
部收下顎，舌抵上
顎，兩眼平視。站
定之後調身調息，
精神專一，這時身心完全處於放鬆的狀態
（圖1）。

②腳趾十趾抓地，湧泉穴放空；收小腹，提

會陰，開始緩緩吸氣。然後雙手緩緩配合
著自身前上舉，掌心朝下（圖2-1～2-2）。

③等雙手舉到頭頂上時，翻轉掌心兩手相

3-1

3-2

4

對；然後兩掌逐漸疊合，掌心朝下，十指

相扣，腳趾放鬆（圖3-1~3-2）。

④彎曲手臂往下覆於頭頂上，等接近腦心處

即翻轉掌心向上（圖4）。

⑤掌心盡量往上推，並順勢提踵，這時繼續

5-1

5-2

5-3

吸氣，從湧泉穴直吸而上（圖5-1~5-3）。

⑥吸氣至不能再吸時，全身放鬆，放開相合的手掌，掌心向外，與胸線齊，平平放下；同時開始呼氣，呼氣時，部分呼出，部分下沉到下腹，腹部放大（圖6-1）。

⑦雙手自身側緩緩下降，腳跟隨之逐漸平落地面（圖6-2）。

⑧呼氣至不能再呼時，收縮腹部，將餘氣盡量往下壓，從湧泉穴呼出（圖7）。

⑨調息5~7回，至此為一次。等呼吸平緩、

導氣篇——收斂心神，逐漸入靜

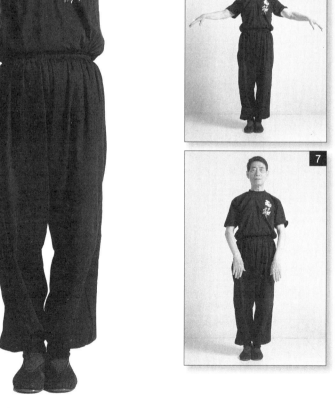

恢復自然呼吸後，
再重複以上動作，
反覆做12次。

要點

①身體內外盡量放鬆放空，方能氣
　納周身。

②氣的納、吐應盡量悠長，吸飽
　吐盡，納時如鳥之起飛，吐時
　如雁之落地，輕鬆而不著力。

③吸氣時始終保持收小腹、提會
　陰。

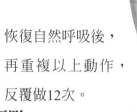

二.南北拉極

練法

①兩腿分立，與肩同寬，腳心貼地，兩手掌心在神闕穴前相對，如抱小球狀，調息調心，呼吸平穩（圖1）。

②鬆腰，坐胯，兩腿微曲；然後收小腹，提會陰，開始吸氣；同時兩手往上提到胸前，掌心緩緩張開，彷彿掌中的球漸漸膨脹（圖2-1~2-4）。

③這時，雙掌的指尖微扣，依舊保持掌心相對的姿勢。隨著兩臂略微抬開，使氣由腹而胸，而至於兩脅、腋下，全身充滿。

導氣篇——收斂心神，逐漸入靜

④吸氣到不能再吸時，全身放鬆，開始呼
　氣，部分呼出，部分壓入下腹，腹部放
　大；同時雙手緩緩內合，彷彿掌中的球又
　逐漸縮小（圖3-1～3-3）。

⑤雙手收到神闕穴前，呼氣到不能再呼時，
　收縮腹部，將餘氣盡量往下壓（圖4）。

⑥調息5~7回，至此爲一次。待呼吸平緩恢復正常後，重複以上動作，凡做12次。

要點

①雙手外張時，切勿下垂、緊張，應保持平抬，使氣充滿兩脅，感覺氣息綿綿，吸之不盡。

②方位以晨起面東爲佳，雙手向南北兩極拉、推。

③手掌在神闕穴前做拉推動作時，手指尖應稍微用力內扣，以助氣機發動，一旦氣機發動，掌心相對時就會有麻脹或相吸的現象。

導氣篇——收斂心神，逐漸入靜

三．氣機交替

練法

①兩腿分立，與肩同寬；先右手舉起，沉
　肩、墜肘，掌心朝下；同時左手向內微
　彎，垂放於小腹前，掌心對內朝向小腹

（圖1-1~1-2）。

②雙腳緩緩屈曲，使雙膝或稍高或低至平腿，右手逐漸下落到胸前；翻左掌心向上，與右掌心相對（圖2）。

③先行收小腹，提會陰，然後開始吸氣，身體朝左側方逐漸升起，左手的掌心向上，指尖向前，並朝左上方斜伸，略微翻轉；右手則掌心朝下，指尖向前，伸向右下方。這時重心逐漸移到左腳，兩手逐漸伸展成爲一條斜線（圖3-1~3-4）。

4-1

4-2

4-3

④吸氣到不能再吸時，全身放鬆，開始呼
　氣，重心逐漸移回身體中央，身體擺正；
　然後雙手逐漸收勢，左手移到頭上時，掌
　心翻轉向內，並趁勢逐漸下沉；右手則內
　曲，逐漸收於小腹前，恢復圖①、②之姿
　勢，但左右手上下位置相反（圖4-1~4-

3）。

⑤呼氣到不能再呼時，調息，逐漸屈膝，如
　圖2之動作。

⑥動作重複進行，但左右兩手的方向相反，
　至此為一次（圖5）。

⑦依此要領反覆做12次。

要點

①雙手逐漸向相反方向分開移動時，吸氣宜緩，令氣能隨舒張的動作而流貫全身。

②雙手將身體拉成一條伸張的斜叉線時，內臟易於受到牽動，此時宜以意念將氣貫注於腰脊之中，達到內臟按摩之效。

③雙手朝左、右及上、下伸張時，一旦功夫漸深，就會有氣動現象，此時宜讓氣自然平和，而不要用意去引發抖動。

四.推手舒展

練法

①兩腿分立，與肩同寬，雙手自然下垂，微微坐胯（圖1）。

②收小腹，提會陰，開始吸氣，翻轉掌心向前，雙手自身側
　緩緩上舉，如抱球而起（圖2-1~2-2）。

③雙手上舉到與肩平時,翻轉向內,逐漸內
　收,直到指尖微微碰觸(圖3-1~3-2)。
④兩肘下墜,手掌分開,兩手臂往上舉,然
　後移動經面門緩慢向上,掌心朝內,手掌
　高於肩上,兩手相距與肩同寬(圖4)。
⑤兩肘逐漸向外張開,至與肩膀垂直成一條

5-1

5-2

5-3

線時，翻掌向外（圖5-1~5-2）。

⑥緩緩屈膝，並旋腕轉臂，雙手往外推出（圖5-3）。

⑦放鬆後，開始呼氣，雙手在身側配合呼氣坐腕，身體略起（圖6-1）。

⑧繼續呼氣，突掌，身體再起（圖6-2）。

⑨繼續呼氣，手臂逐漸伸直後，舒指，身體全部站起（圖6-3）。

⑩呼氣到不能再呼時，平立調息，雙手垂放身側，如①之姿勢。至此為一次（圖7）。

⑪ 反覆做12次。

要點

① 氣隨雙手由大而小、由小而大的動作，向內納入時需緩緩
　蓄足，故切忌緊張用力，宜圓、宜鬆、宜轉。

② 坐腕、突掌、舒指為吐氣時的一連串動作，練到相當時
　候，手指乃至掌心會有觸電感或痠麻感，此乃得氣之兆。

五.引腕彎腰

練法

①兩腿併立，雙手前伸，掌心向下，上身向前傾約30度，脊椎保持平直（圖1）。

②提會陰，開始吸氣，腹部放大，上身擺正，雙手下沉回收到胸前（圖2）。

③雙手輕貼身體下滑到大腿，順勢彎腰，脊椎平直，直到身體約成90度角（圖3）。

④雙手沿著小腿繼續下滑，到腳背後往前移到腳跟前，上身下彎，後腿伸直，閉氣片刻（圖4）。

⑤鬆肩，開始緩緩呼氣，腹部內縮，手掌沿地面往前伸展，到大約30度角時暫停。這時臀部盡量往後坐，雙手盡量往前伸，脊椎盡量伸直（圖5）。

⑥緩緩抬起上身，到90度角時稍停，然後再緩緩起身，脊椎始終保持平直（圖6）。

⑦身體全直起後，調息令勻。至此為一次（圖7）。

⑧反覆做12次。

導氣篇——收斂心神，逐漸入靜

要點

①前四式導氣功法均為逆呼吸，此式則為順呼吸，亦即吸氣時腹部擴大，呼氣時收小腹。

②應隨時檢視做各動作時脊椎是否平直；兩手向前延伸而起身往上時，藉雙手前伸及臀部後坐之勢，令脊椎伸展到極致。

③切忌縮頸，需兩眼平視前方，可幫助脊椎保持平直。

六.抱元守一

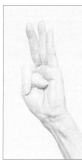

練法

①兩腿分立,與肩同寬,雙手自然下垂,兩眼垂簾,心神皆放鬆安靜(圖1)。

②抱元式:雙手食指分別扣住大拇指,男性左手拇指側貼住膻中穴(兩乳之間,又名中丹田)(圖2-1),右手掌心輕貼下丹田

（臍下3寸處）（圖2-2），持手訣後放
鬆入靜，調心調息，抱一吐納（圖
3）。女性則左右手相反。

③手指放鬆，雙手垂放身側，行
　守一式：微微坐腕，掌心朝
　下，兩肘微微張開（圖4）。

要點

①採用自然呼吸，待心神完全鬆靜
　後，自會進入深沉的吐納狀態。

②在做完前面各式後，氣機已動，
　經脈通暢，此式可讓心意入
　靜，氣歸丹田。

③守一就是守空，守是為了過渡
　到不守，悟到不守才是真守。

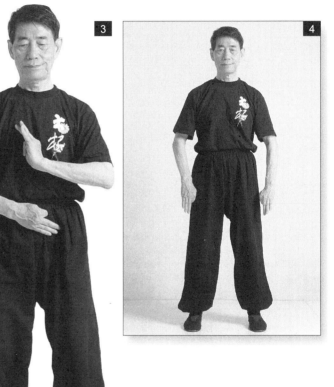

引體篇

動中有靜，靜中有動

　　引體功法在使人體的九大關節：肩、肘、腕、腰、脊、頸、胯、膝、踝，透過無限放鬆的旋轉扭絞，由外而內，由淺而深，逐步絞緊、鬆弛，使身軀內臟達到自我按摩的目的。

「引體」六式與太極拳的基本功有密切的關係，乃是演練諸家、特別是陳家太極拳之前，作為基本訓練的功法。包括：

> 第七式：旋腕轉臂（正式）
>
> 第八式：旋腕轉臂（隅式）
>
> 第九式：旋腰轉脊
>
> 第十式：通臂雙旋
>
> 第十一式：旋踝轉胯
>
> 第十二式：三旋合一

動作的基本條件，就是「鬆」字一訣：關節要鬆開，肌肉要鬆透，最後通身鬆到裡。前五個動作從上到下運動九大關節：腕、肘、肩；腰、脊、頸；胯、膝、踝，都要一一放鬆而毫無障礙，這樣才能一動全動，使關節與關節之間的肌膚層逐次放鬆，連身體內部的五臟六腑都能鬆透、運轉，可以得到自我按摩的作用。最後的「三旋合一」，在使周身一家，以求獲得「動中有靜、靜中有動」的境界。

練到這裡，功夫就朝深處發展了，外表氣定神閒，內在則充實凝斂，其力量若有似無，心柔則柔，心剛則剛，而一發動便有雷霆萬鈞之勢。

一. 旋腕轉臂（正式）

練法

①兩腿分立，與肩同寬，雙手前舉，掌心向
下，上身往前傾約30度（圖1）。

②身體緩緩擺正，兩手掌心相對合起，手
掌、下臂、手肘也漸次相合，手肘下垂，
下臂自然放鬆（圖2）。

③翻掌相背後，開始旋腕轉臂，保持手肘抬高，至平舉或稍高；然後輕輕相合往下鬆沉，順勢屈膝，直至身體下沉到平腿，雙手平舒置於兩膝上方（圖3-1~3-3）。

④翻轉掌心相向，同時抬腿到平腿的姿勢（圖4-1）。

⑤開始旋腕轉臂時，提氣到丹田，身體稍起，腳踵隨之提起；手臂略微抬高後，手臂向內旋轉，等完成旋轉時，坐腕（圖4-2）。

⑥再次旋腕轉臂，提氣至胸口，身體略起，手臂再次內轉，等完成旋轉時，突掌（圖4-3）。

⑦第三次旋腕轉臂，提氣沿脊椎而上至大椎，身體全起，手臂再向內轉完成旋轉

要點

①旋腕轉臂時，必須以手腕的轉動帶動肘關節和肩關節，成為整體的旋轉。

②旋轉向前時，注意手腕、手掌分別分3次進行，即坐腕、突掌、舒指。

③務必放鬆，身體才會如波浪般起伏，肌肉也會隨三關節的運動往復絞盪，令微血管受到刺激和按摩。

時，舒指，並趁勢向前伸展（圖5-1~5-2）。

⑧身體微沉，雙手收到胸前，然後往上朝側前方推去，氣沿脊椎一節節上推，推至極致，盡量再延伸手和身體（圖6）；然後收回，回復原來的姿勢。至此為一次（圖7）。

⑨反覆做12次。

二. 旋腕轉臂（隅式）

練法

①兩腿分立，
與肩同寬。然後
左腳向左轉45度，
同時右腳向前踏一小
步，身體向右前方側
傾約30度，右手伸
直，掌心朝外，左
手屈於胸前，掌心
朝下，重心置於
右腳（圖1）。

②身體擺正，右手順勢收回、彎曲，與左手
平行，掌心均朝面門（圖2）。

③鬆腰、坐胯，重心漸移到左腳，身體向
左旋腰，到右手肘與左膝成一直線（圖
3-1~3-2）。

④重心仍置於左腳，向右旋腰，直至左手與
右膝成一直線（圖4）。

⑤旋腕轉臂時，提氣到胸口，身體稍起，重
心逐漸移到右腳，手臂向內轉，完成旋轉
時，坐腕，右手略微在左手前（圖5-1~5-
2）。

⑥再旋腕轉臂時，提氣到胸口，身體

再起，手臂內轉時，完成
旋轉時，突掌，右手更
往前伸（圖6-1~6-2）。

⑦第三次旋腕轉臂時，提
氣沿脊椎而上到大椎，身體朝右側前方伸
展，手臂內轉完成旋轉時，舒指（圖7）。

⑧身體微沉，右手內收，然後手臂和身體朝右側前方往上推去，氣自脊椎一節節上推，推到極致，再盡量延伸手臂和身體（圖8-1）；然後放鬆收回（圖8-2），恢復正面平立的姿勢（圖8-3）。至此為一次。

⑨反覆做12次。

⑩左右相反，重複以上動作12次。

要點

①向左旋腰時，必旋至右手肘與左膝成為一條直線，反之亦然，如此才能交叉旋轉，

8-1

8-2

8-3

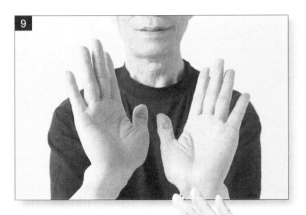

深入腰隙。

②手肘、坐腕（圖9）；突掌
（圖10）、舒指（圖11）
的要領皆要注意。

③右式做完後，換腳換方向做左式，動
作要領完全相同。

三. 旋腰轉脊

練法

①兩腿分立，與肩同寬，雙手外張（圖1-1）；左手在斜上方，右手在斜下方（圖

1-2），然後移動至掌心相對時，如抱球狀。

②雙手逐漸內收，交叉於肩前，然後鬆腰、坐胯，緩緩下沉；雙手翻轉向下逐漸落下，沿身體外緣順勢收到中線落下到小腹，再分別沿大腿內側落到膝上，翻轉掌心向上（圖2-1~2-4）。

③雙掌先稍向外轉，再盡量往內轉，握拳，沿腿、臀部而上至於腰眼（圖3-1~3-3）。

④雙拳在腰眼處貼緊，再沿脊椎兩側盡量上抬（圖4）。

⑤向左方扭腰，右手順勢轉動移至胸口，背
　後左手仍貼於背心。

⑥提會陰，身體逐漸升起，右手逐漸向前伸

展掌心朝上翻轉；左手則向後伸展，舒手，翻轉掌心朝上（圖4-1~4-4）。

⑦身體略沉，雙手內收，如圖5之姿勢。

⑧向右後方扭腰，面朝後，然後雙手順勢交換位置，即右手移到背心，左手移到胸口（圖6-1~6-3）。

⑨提會陰，身體漸起，同時左手逐漸向身體前

5

6-1

6-2

6-3

方伸展，右手則向身體後方伸展，舒指，掌心翻轉朝上（圖7-1~7-2）。

⑩轉向正面，翻轉掌心朝下，恢復圖1-1之姿勢，但左右手位置相反。

⑪左右相反，重複以上動作。至此爲一次。

⑫反覆做12次。

要點

①除伸展動作之外，雙手應盡量緊貼身體移動（圖8）。

②以腰爲軸旋轉，雙手的前後舒展需與腰脊密切配合，不可分開活動（圖9-1~9-2）。

③扭腰時，腳掌始終平貼地面，切勿提踵。

④雙手向前後伸展時，應鬆肩，肩膀切勿高
　聳，以免緊張。

四．通臂雙旋

練法

①兩腿分立，與肩同寬，左腳向前踏出半步，腳尖點地，重心置於右腳；右手掌輕輕握住左手背，平舉於胸前，然後左肘在上，右肘在下，兩手臂斜舉成一條交叉斜線（圖

3-1

3-2

3-3

1）。

②先以左肩帶動，右肘由上往下劃圈，身體則順勢下沉，並向右轉動。此時左肘在下，右肘在上（圖2-1～2-3）。

③再以右肩帶動，右肘由上往下劃圈，身體

順勢轉移向左方。

④身體由低升高，逐漸升起，直到立起，左右手姿勢如前（圖3-1～3-3）。

⑤左、右手交換，左右腳也交換，動作要領相同，做相反方向，完成其動作。

⑥左右相反各重複做6次，一共12次。

要點

①兩下臂上舉時臀部肌肉順勢拉舉，旋轉力
　量才能深入肩部。

②手肘的上下動作需呈弧形，順勢而勿用
　力。

③將一隻手輕貼在另一隻手的關節處，可感
　覺其轉動之勢。

五. 旋踝轉胯

練法

①兩腿分立，與肩同寬（圖1）；然後重心移置右腳，左足尖點地；雙手微屈置於腰際，掌心向下向內。

②兩手掌心向上，逐漸撐高到與肩同高；然後微微坐胯，左腳舉起內扣，右腳膝微屈，保持「金雞獨立」的姿勢（圖2-1~2-2）。

③旋轉手臂，同時左腳向後做大幅度旋轉（圖3-1~3-2）。

④左、右手伸展，保持
平衡；然後左腳
向內轉動並內
扣，此時左手
逐漸向內縮。
依次轉動踝、
膝、胯，乃

至腰隙（圖4-1~4-4）。

⑤身體坐胯，膝蓋微屈恢復圖5的姿勢；左腳連續旋轉12次。

⑥左右動作相反，右腳也同樣旋轉12次。

要點

①手腳旋轉時要互相配合，才能成為整體的動作。

②腳向外旋轉到身後及身側時，需盡量伸展。旋轉圓圈時，腰要微微坐胯，才能站穩而力能旋入腰隙。

③腳向內收轉內扣時，盡量靠近會陰，向內緊拉，才會有轉胯的效果。

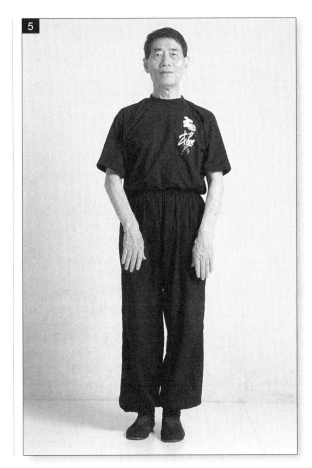

5

六.三旋合一

練法

①兩腿分立,與肩同寬;兩手手指放鬆下垂,提肛縮腹,呼吸自然(圖1)。

②右腳微開,重心從上而下,從左而右,沿右足跟緩緩貼著外緣旋轉,由腳外緣轉到腳尖,再沿著內緣旋轉。這時右肩下沉,隨著旋轉向外翻轉鬆(圖2-1~2-2)。

③身體由右向左轉時,感覺由右腳趾沿著小

腿、大腿內側上升，經過腰部、胸部到左肩，形成交叉的螺旋狀（圖3-1~3-3）。

④左肩向後轉圈之後，感覺由左背沿體側而下，旋轉到左腳趾，由外緣到腳尖（圖4-1~4-4）；然後沿內側旋轉，經左小腿、大腿內側向上，到腰隙後經胸部到右肩，成為交叉線（圖5-1~5-4）。

⑤左右動作相反，交換進行，重複以上動作，至此為一次。

⑥次數隨需要而定。

要點

①此式有休息、和緩身心的作用，故動作時
　務必緩慢平和。

②練習時，垂簾或閉目，可以幫助心神內
　收。

③本動作融合三旋，使身體整體動作的進行
　成為交叉螺旋狀。

拳理篇

太極導引是演練太極拳的基本功，也是諸家太極拳的精華，因此在學習太極導引與太極拳的過程，需要從拳理中真參實證，體悟其中的道理。這些拳經、拳論都是前賢經驗的結晶，要言不煩，常隨人自行證悟。在此即依據學拳、練拳及教拳的心得，提出一些問題試作說明：

① 習練太極拳時，在身、心方面需有怎樣的準備？

② 從太極拳理是否可以解說諸家諸派各有體會處？

③ 太極拳理到底如何活用才能體會其妙？如纏絲勁、聽勁、發勁之類。

④ 太極拳理如何實踐太極陰陽相輔之理，如虛實、動靜之類。

一. 論太極拳之難

太極拳難，難在那裡？

難在沒有恆心，只求速效；難在不求明理，只求練習。

學生學拳，常常開口就問：何時才能學會發放外氣？何時才能以弱敵強，四兩撥千斤？對這樣的詢問，我常默然。我認為：大家為了追求健康，實實在在吃苦、流汗來練習是一件好事，其他的則走一步算一步，切實做好，自然就會有意想不到的效果。

古人練拳，十年養氣，十年練功，先要由外引內，再由內而外，最後是內外合一。現代人常想不經基本鍛鍊，就先要獲得那麼多，本末倒置那能有什麼真功夫呢？

所以我常勸學生：先要背誦〈太極拳論〉，漸漸地才能悟出其理。古人曾謂：「人言此藝別有訣，往往不肯對人表。吾謂此藝無甚奇，自幼難以打到老。打到老年自然悟，豁然一貫神理妙。回頭試想懶惰時，不是先知未說到。說到未入我心中，我心反覺多煩惱。天天說來天天忘，有心不用何時曉？有能一日用力尋，陰陽消長自有真。每日細玩太極圖，一開一合在吾身。循序漸進功夫長，日久自能聞真香。只要功夫能無

間，太極隨處見圓覺。此是拳中眞正訣，君試心中細思量。」

另外太極拳中包含了中國固有的文化，許多人練拳，不肯花功夫在理論方面研究，緊緊抱住師父一開始教的姿勢、口訣，埋頭練去，他們的成就可能也是很小的。

因爲《易經·繫辭》有云：「易之爲書不可遠，其爲道也屢遷，變動不居，周流六虛，上下無常，剛柔相易，不可爲典要，惟變所適。」我們練拳，也應隨時間或自己身體的體能、先天炁的發動情況而變。

以虛實而言，最初因爲體內沒有鬆的現象，故要大虛大實，由外引內；待練至內部有動盪之勢後，再逐漸進入小虛小實；等練至先天炁動，即可由內而外，漸而進到有虛實不見虛實矣。

以快慢來說，假如練習者一直停滯在慢的動作階段，也不能有大進步，因爲慢動作主柔主靜，氣散全身而不能聚，所以要循序漸進。起先是慢的階段，也就是「有心求柔，無意成剛」的時期；待內部僵硬現象改善後，鬆的程度已由淺的肌膚層進入深的肌膚

層，甚至肩部已鬆透到鎖骨、肩胛骨，脊柱已由尾閭節節上升到大椎骨，「丹田內轉」（吸提）亦與「氣沉丹田」（呼放）相結合，虛實已調整到兩邊腰隙之間時，練的動作就要快起來，不但要能快盡量快，甚至過渡期的喘息亦不可免。直到快慢調整到「柔行氣，剛落點」的階段；繼而更進一步到「隱則柔，顯則剛」，心柔則柔，心剛則剛，剛柔無跡可尋的地步才好。

再如方家講究的「上下一條線，百會穴與會陰對準」之說，如果練習者刻意長久不變地去保持這條直線，那將為典要所困，不易練出太極拳的活靈勁來，也不會有勁貫四梢的感覺。所以久練之後，即應依規矩而脫規矩，身軀雖有傾斜，氣勢似寓中正，如風吹楊柳，根在湧泉。

另一方面要能一中有多，多中有一。如單練時之旋腕轉臂、旋腰轉脊、旋踝轉胯、通臂雙旋等，皆統一於「三旋合一」中。但練習純熟後，每一動作都需要九大關節同時旋轉於同一動作中，這在規則上就是規則的不規則、不規則的規則了。

這些都是不斷隨著自己鬆的程度而調整的，因此它不是埋頭苦練、不求明理者所能領悟的。

二. 再論太極拳之難

太極拳難，難在那裡？
難在難以了解絕對放鬆之必要。

太極拳或「太極導引」的鬆，不只是心意的放鬆或四肢身體的放鬆，而是透過扭轉絞動，將全身關節、脊柱、肌膚、骨節間僵硬處，一點一滴地逐步摧毀，使先天炁得以自發震動，通行無阻，是能積、能蓄、能遣、能用的鬆。

這種鬆，在練習時，每一動作都要從湧泉，經足踝環繞小腿至膝，環繞大腿到胯，環繞腰到脊柱、到肩、到肘、到腕，節節相催，透過悠遠緩慢的螺旋式旋轉才能鬆。

〈太極拳經〉告訴我們：要氣沉丹田，要虛靈頂勁，也就是意識往上提，氣要往下沉才能鬆。這種鬆當然不是著力旋轉扭絞的鬆，而是意識的導引，配合身軀的動作，而不能有絲毫拙力的鬆。

可是許多修習者皆不願相信，他們總是暗自放進一些力氣，以為這樣可以快一點摧毀身軀的僵硬處，早日到達「鬆」的地步！

就短期而言，著力的練習比不著力的練習似乎有較明顯的進步。但是就長期而言，長

期的放鬆練習比長期的著力練習，功效反而大得多了，所謂「先行而後至，欲速則不達」就是這個道理。

因爲著力的練習，一開始雖然可以鬆脫關節，但也容易傷及韌帶；雖然可以運動到淺的肌膚層，卻無法透到骨縫腰隙，更不要提使潛在的先天炁自發性的震動，漸而觸及動脈而引起全身的震盪了。

因此「浮陽不動，潛陰始流」，才眞正能鬆。每一動作均能自丹田盪出，內勁與意氣相結合，產生無窮無盡的意識的延伸。這種情況除了絕對的放鬆外，是無法體會，也無法了解的；而「慢到十分，才能快到十分」的說法，當然也是一般人難以接受的。

但是這種鬆到底、鬆到裡、鬆到透，所體

認出來的鬆之靜，不會是鬱悶的「枯靜」；而是「動中求靜靜猶動，靜中求動動猶靜」的境界。這不從絕對的放鬆，循著由外而內、由內而外、而至內外合一的修習，更是難以理解。

　　練習「太極導引」者，千萬不要誤解鬆靜，也不要誤解輕靈，僅從心意或手上下功夫，而不願意從足部努力。古籍上可是明明白白地告誡我們：「湧泉無根腰無主，力學到老終無補」。因此從湧泉起，絕對放鬆逐序上升地環繞旋轉的練習，是無可僥倖的基礎功夫。

三．論虛實

由大虛大實，而小虛小實，進入有虛實不見虛實。

太極拳最重要的是分清虛實，能分清虛實，就可以減少疲勞。早年我對虛實不大了解，總是在足部的三七之比上下功夫；後來才發現虛實是全面的、整體的、細緻的、多式多樣的，而且要循序的練習，不可本末倒置，也不可固定在三七之比的觀念上。否則不能提高虛實的層次，就算苦練良久，還是不會有什麼進步。

分虛實大約可分為三個階段，第一個階段，是足部的分虛實；第二階段，是手部的分虛實；第三個階段，是手與足交叉的分虛實；甚至可以說，有虛實不見虛實，因為這時期的虛實已經是整個身軀鬆透無礙了。

在第一階段時期，由於身體內部原本就是僵硬的，不易掌握不隨意肌的活動，所以必須從足部開始，也就是重心左右變換在兩足之間1/3的範圍內，由較大的開展逐漸隨鬆的程度而縮小，也就是自胯部逐漸擴及腰部的深處、前面膀胱處，使中部的不隨意肌逐漸靈活，使左右中間的距離慢慢接近，也就是將虛實由足部調整到腰的部位，讓足部的虛實練習慢慢帶動身體的放鬆。

第二階段是手與手分虛實，左手實則右手虛，右手實則左手虛。這時期，手部只能活動到肩的關節爲止，尚不能鬆及鎖骨及肩胛

骨，更談不上交叉的虛實，所以只能練習由肩逐步延伸到鎖骨及肩胛骨，再進一步延至命門。等到手部已能擴及中心點的丹田與命門之間，而足部也能從胯逐步擴大到前面的膀胱內、後面的腰隙深處，也就是上部與下部都能放鬆及於中央點後，才能進入第三階段的虛實——手與足的虛實。

在第三階段手與足的虛實中，左足與右手、右足與左手連成交叉的兩條線交替旋轉，其形狀正如槍膛裡的來福線一樣，又如一個圈圈套著另一個圈圈地向前推進，然後才是「三旋合一」的整個身軀一動無有不動了。此時動的泉源以中丹田爲中心，一波一波向周圍擴散，使整個身體如流體般的鼓盪。

因此我們練太極拳，應隨時間及進程而變，在內部未鬆、由外引內的時期，講究大虛大實；當內部有動盪之勢時，再進入小虛小實；待先天氙動，即可由內而外，漸而進入有虛實不見虛實，然後才能體會到「心在技在，以心作相，內有虛實，外不見虛實」的境界。

四.論纏絲

以旋轉方式帶入整個身軀，造成立體旋轉。

太極拳前輩們常說：「纏絲者，運氣之法門也，不明此即不明拳。」可見纏絲勁的重要，但是什麼是纏絲勁呢？

幾年前有幾位學生，拿著從日本買回來的陳家太極拳書問我：書上箭頭所指，由小踝而上，以一根線圍繞前小腿而大腿，這是什麼意思？我以扭毛巾的方式來解說內外扭動的道理，使學生頓悟。從那時起，我就想把複雜的纏絲勁，諸如順纏絲、逆纏絲、左右纏絲、裡外纏絲、大小纏絲、上下纏絲、進退纏絲；在本書中，改用旋轉螺絲形的方式表達，使學生易於掌握太極拳的要領。

個人對纏絲勁的體驗有一段過程，回想我當初練拳時總停留在直來直往的動作上、默想的意識上、氣沉丹田的呼吸上，毫無高低起伏、動盪快慢的觀念，如此練了十多年，我不禁懷疑太極拳就是這樣嗎？大家都公認太極拳好，但好在那裡？為什麼我下了不少功夫，又拜訪過多位前輩名家，卻仍感受不到其效用呢？

有一次，已故的太極拳老師李壽籛先生做一個動作給我看，他將雙手伸直坐腕、左右

旋轉說這樣雙手會有痠麻的感覺。我回去後天天揣摩練習，有一天我想如果我將這種旋轉方式帶入整個身軀，造成立體旋轉，那不就全身內部都會有痠麻的感覺嗎？於是我開始嘗試在太極拳上，一點一點加進旋轉動作，在手臂上加進「旋腕轉臂」，在身軀上加進「旋腰轉脊」，在足部上加進「旋踝轉胯」，又加上「丹田內轉」為吸、「氣沉丹田」為呼。一段時間過後，對「丹田內轉」我又增加了內部的活動，第一波由會陰提到腹部，第二波由會陰提到胸部，第三波又由會陰提到背部的大椎骨。如此相當一段時間後，我發現內部的動盪伸縮，要比原來的擴張約3倍，同時也感受到脊椎21節，節節上升，呼吸量也增加了許多。

繼而我又用同樣的道理來重練「美人手」，先是沉肩墜肘，加上坐腕、突掌，然後才是舒指，也就是將氣運到手指尖端——筋的末梢神經上，久而久之，我發現手指竟有微微觸電的感覺。另外，當我配合吸氣，意念自會陰提至腹部、胸部、大椎骨、肩胛骨到頭頂時，頭上似有萬蟻鑽動，當下才體會到古人所謂的「虛靈頂勁」竟是這般景況。

纏絲對人體的健康和實際應用的功效如何呢？纏絲勁是使全身的筋骨、肌膚、關節、內部的器官，皆能得到較細緻的自我按摩。因為人體內長期積累食物所遺留的毒素，結成尿酸晶，不易排除，所以要經過一系列的、每一條經絡的運動，如旋腕轉臂、通臂

雙旋、旋腰轉脊、三旋合一的旋轉動作，達到內外俱動的自我按摩作用。使體內累積的尿酸晶排出。同時加上「導氣」的動作，使氣血流暢，配合纏絲勁的按摩，對人體尿酸晶的排出更有幫助。

再從力學上談纏絲勁：如果我們練太極拳時，手臂是直來直往，沒有翻轉，若以手臂的外側為陽、內側為陰，那麼手臂外側不能因旋轉而向內，內側不能因旋轉而向外，陰陽即不能持續不斷地旋轉；說得更清楚一點，就是不能一個圈圈套著另一個圈圈向前推進；腿部也只是前弓後坐，後弓前坐，而沒有左旋右轉，以配合手臂的翻轉，一旦與人交手，自然就發生比力的現象。要解決僵硬比力的現象，就必須用螺旋勁，因為螺旋曲率半徑是多變化的，當另一種壓力壓在這種螺旋桿上，就可以很自然地將壓力因旋轉落空而化去，這就是太極拳卸力化勁的道理。

手臂與腿部如此，腰與脊的關係亦如是。

我們一般運動腰的習慣，是專在左右平行轉動，要想運動脊椎，也只是上下彎腰做單純的動作，如果我們將腰脊聯合起來，也就是立體的螺旋旋轉，由上而下、或由下而上，就可以形成既是左右、又是上下的一條旋轉曲線。正旋是開與放，反旋則是合與收，這就是所謂「引進落空合即出」的主要條件。所以練太極拳，就是這種無數的圈圈連貫而成。一舉手一投足，四肢百骸，不動則已，動則都不能離此圈。過去李壽籛老師

經常說：「無圈不成招」，當時會意不深，如今想來這種啟發對我非常重要，也奠定我對太極拳的研究基礎。

實際運用方面。當纏絲功夫練到了純熟的階段，已由其大無外之圈進到其小無內之境，不遇敵則已，如遇勁敵，則內勁猝發，如迅雷烈風之摧枯拉朽，孰能禦之？

我的想法是這無外之圈、無內之境，不就是「致虛極，守靜篤」的境界嗎？不就是宇宙的「觀空不空」的現象嗎？所謂：大地遼闊，飄風折木，巨浸如鏡，駭浪覆舟。這種力量，不就是莫大於聚、莫測於虛之力量嗎？

再觀《老子》的無為、無極，這「無」並非沒有，而是無所不有，無所不涵，無所不

能；其實它實際不就是「有」嗎？不但是有，而且是不可預測的力量的泉源，而太極拳所獨有的纏絲勁不就是曲力的結合嗎？發勁時之曲力愈曲，其激盪之勢就愈大，而這種激盪之勢是來自吞吐、浮沉、左右，這六

個方向一霎那之間聚於一點，這不就是爆發力的極致嗎？

我認為太極拳的鬆透，就是「無」，因為這種無，才能慢慢儲存丹田的能量，這種極細緻的流轉，才能漸及微血管的暢通，使經絡中韌性增強，也就是由量變到質變、無為而無不為的過程。這種太極拳纏絲之理，也是來自中國固有的身體文化，綜合多方的理論，歸納到太極拳的最高原則——「虛」。但如何達到這種境界呢？那就要循序漸進，由外引內、由內而外、內外合一的鍛鍊，不是本末倒置、一蹴即成的功夫了。

五．論聽勁與發勁

聽勁，是身體皮毛的感應，是氣的感應；
發勁，是由丹田發動的動作。

所謂聽勁並非以耳去聽，而是身體皮毛的感應，也是氣的感應。如何才能練到有氣的感應呢？其條件就是要鬆，要絕對的鬆，要鬆透，要鬆到陰中之陰，要鬆到極靜極柔，整個身軀毫無滯塞處。所以古人闡述以氣聽勁的說法是：「聽之以耳，不若聽之以心；聽之以心，不若聽之以氣。」因為耳所感者實，心所感者虛，以氣去感才能靈，因為氣無空間故。有了這些條件的鬆，與人交手時，才能找到對方焦點之所在；自己的焦點

也就不容易顯現，交手時，就不會比力氣的大小了，而是以氣去感應對方的動靜，也就是「彼不知我，我能知彼」了。

有了自知的條件，然後才能掌握發勁的時機。時機是什麼？〈太極拳經〉云：「彼不動，己不動；彼微動，我先動」。彼不動，就沒有機可乘，彼微動，才是時機。我先動，就是要掌握這微小的機、細緻的機而先發制人。彼不動，己不動，這就是待者無形；彼微動，就是先者有形；我先動，就是

已觀察到機會了，然後由客觀的條件，突轉客觀為主觀以為用，這也就是「以靜制動」。

　所謂發勁並非以手去推，如果以手去推，僅是局部的動作，如果由丹田發動，才能是整體的動作。這就要先培養襠勁，而襠勁的培養，首先就是要鬆腰、坐胯，襠與胯之間僅是一線之牽，而兩側的環跳穴要向外凸出，胯的骨節才能鬆開，襠勁才能上翻，這樣丹田的勁才能靈活運用。能鬆到此一境界，敵人怎來怎樣，不待思索，自然應去，所謂「舉重若輕，非體之力也，心神之力也」，就是這個道理。

六．論氣

太極拳的精華，我以兩句話來形容，就是「以意練意，以氣練氣」。
氣是什麼？

有關氣的說法，各家解釋不同，無不各是其是，各非其非。我的看法是：先天炁、後天氣不必解釋得太清楚，其實也無法解得太清楚。有人說：先天炁是體內流行的氣，在母體內，完全靠先天炁自動補給；脫離母胎後，先天炁一斷，靠後天氣來銜接。但是我認為脫胎後，雖靠呼吸的氣來養生，但不能說先天炁就沒有了，它仍存在經絡之中，與身體的虛弱大有關係，此何以中醫診斷時，常說必須補氣的原因。

練太極拳者，長年累月，千錘百鍊，就是要追求獲得此種先天炁及內勁，始能發現這種氣，進而掌握此氣，也才能體會意到氣到、氣到勁到的境界。〈太極拳經〉上說：「以心行氣，以氣運身」，就是這個道理。

但練拳時，不可只顧默想氣在體內如何運行，而要把意貫注於動作中，否則就會神態呆滯，氣不僅不能暢通，而且會造成氣勢散漫的病象。

練太極拳的第一個階段，由外而內時期，

其要旨在動作的有柔有剛、有圓有方、有慢有快、高低動盪，以合乎人體的生理規律。因爲人體動則生物電位升高；人體靜則電位降低，而太極拳動作的剛柔、開合、快慢等，正好促使電位隨之升降，並使微血管通暢，血液循環順暢，人就會感到有氣。此何以中國醫家常說：「氣若不得血，則疏而無統；血若不得氣，則凝而不流」的道理。

這也就是爲什麼我經常告訴學生們，練氣，不要把它帶到神秘莫測的虛幻處，也不要去追求高不可攀的特異功能，只要紮紮實實地流汗鍛鍊，掌握練養合一的道理，從動靜中下功夫，自然就會產生先天炁的運行，所謂「莫知其備而已蓄，不意其至而已達」，水到渠成，自然可以達到意想不到的功效。

從「由外而內」進而「由內而外」的時期，要掌握練氣的要領，也就是心靜專一。《老子》言：「天得一以清，地得一以寧，神得一以靈，物得一以生。」此皆天地之正氣也。而對氣運用的描述，《莊子》說：「無聽之以耳，而聽之以心；無聽之以心，而聽之以氣。」（人間世）。

爲什麼聽之以氣，因爲耳所感者實，心所感者虛，氣所感者靈。練太極拳最高的要求，就要「虛」、「靈」。但怎樣才能達到這種虛靈的境界？就是要氣貫四梢，也就是意氣到血的末梢神經——頭髮；筋的末梢神經——手、腳趾；肉的末梢神經——舌頭；骨的末梢神經——牙齒。若氣能流貫四梢，全

身的經絡就疏通了。

等到進至第三階段，「內外合一」時，重在養氣。而養氣最重要的就是要累積，積久才能充實，故所謂：「不貴難得之氣，而貴易失之心」。

真正的有恆心，就是要在日常生活中去認真體驗，比如說昔人所重視的，在平時做人處世及日常生活中都能認真做到以下幾點：

一陽初動處，萬物始生時，不藏怒焉，不宿怨焉。這是養肝的體驗。

內而整齊思慮，外而謹慎威儀，泰而不驕，威而不猛。這是養心的體驗。

飲食有節，起居有常，做事有恆，容止有定。這是養脾的體驗。

廓然而大公，物來而順應，裁之吾心而安，揆之天理所順。這是養肺的體驗。

心欲其定，氣欲其定，神欲其定，體欲其定。這是養腎的體驗。

凡此心肝脾肺腎五者都能得到適當的修養，自然身心合一，心安理得，練氣的功效自然就不同了。

七.論各家太極拳之長

振葉尋根，集思廣益。

由於我在練拳的過程中，嘗試過楊家、郝家、陳家等派太極拳，因而經常有學生問到：都是太極拳，為什麼還有這麼多派別呢？所謂楊家、陳家有什麼異同之處？而郝家又與楊家、陳家有什麼不同？我認為三者都是從武當張三豐祖師遺著〈太極拳論〉、山左王宗岳先生所著〈十三勢行功心解〉及〈十三勢總歌訣〉等內容發揮出來的。其理論都離不開這些經典，但是在動作架式的外在形勢及強調的重點上略有不同。

例如，有的將動靜開合、勁的落點明顯表達出來；有些則是外形不顯，而以無形的暗勁隱藏在內；有的柔中寓剛，有的僅是單純主柔。如陳家螺旋幅度較大，小動作較多，著重纏絲勁，與楊家動作呈弧形、幅度較小、小動作較少的抽絲勁不同。陳家在練法上，先慢後快、快慢相間，這又與一般均勻的練法不同。陳家強調要「丹田內轉」（腹部弧形旋轉），與氣沉丹田（橫膈肌上下活動）相互配合，這又與單純的「氣沉丹田」不同。

在虛實方面，陳家在練習時有先後順序的

分別，首先是大虛大實，而後小虛小實，最後則是有虛實不見虛實，這又與一般的練拳練了多少年，還是停留在大虛大實，著重於腿的虛實，而沒有提升到腰的虛實，再提升到有虛實不見虛實的程度不同。

再談郝家，郝家則是每一架式均需明顯的將起承開合分得清楚，兩膝著力有內向之意，兩腿如一條腿，能分虛實，謂之「裹襠」，這與楊家的兩腿與肩同寬不同。郝家兩股用力、臀部前送、小腹有上翻之勢，這又與一般的僅注意舒展、臀部平面前進不同。郝家練習時總是配合呼吸的大開大合，與一般的呼吸自然又大大不同。郝家身法強調護臀、裹襠，不能護臀、裹襠則豎尾無力，身便無主宰，又與楊家的掤攦擠按之型態不同。這些異同之點，僅是我個人的觀感，實在的內在東西尚待進一步的探討。

由於親身體會過各家之長，我現在教學生時，總勉勵他們要虛心。推手時，絕不可有抗拒之意，要如毛草一般的自然鬆；在心理上，戒絕好強、好勝的心。單獨練拳時，也要體驗到，功夫、內勁都要從虛無中來。

以前我在研練三家太極拳時，經常有所困惑，甚至覺得三家所云若有矛盾；現在總算理出一點頭緒來，就是其形有異，其理同歸。在練拳的過程中，我總是想到兩句話，「意氣君來骨肉臣」、「意氣均來骨肉沉」。久練的過程中，動作招式，自然有些變化；而對內在的周流六虛也體驗到這是氣的描述，慢慢動作中，就有著自然流動的現象。

假如我還要刻意維持固定的動作，那些虛無的感覺就又消失了，這種道理的深奧，真不可測。

現在我認為練太極拳，最好先從陳家開始，因為陳家重視纏絲勁，而纏經勁非常徹底、細緻，對摧毀原有的硬力也最為有效。待已鬆透了，下盤基礎打好了，再來練楊家比較適宜，這也是逐漸轉為以氣為主、走弧線，其內勁漸漸隱藏在無形中了，入靜的層次也高了。假如一開始就練楊家，則不易明瞭纏絲勁的細緻，因為楊家僅談及抽絲勁走弧線，就不容易導氣走臟腑。這是我的體驗，願與修習者共享。

八.論太極拳何以不易推廣？

太極拳是一個人體力、意志與智慧的考驗。

練太極拳的好處很多，分述如下：

① 練太極拳，場地沒有嚴格的限制，不像打籃球一定要在籃球場，打足球一定要在足球場，否則就不能進行。太極拳只要有一個十步見方的平地，就可以練習。不但公園可以，球場可以，甚至在家裡的客廳也可以練習，場地的使用，非常自由，也容易選擇。

② 無需特殊的設備：很多運動都需要體育設備配合，例如沒有籃球場，無法打籃球，籃球場地這種設備成了打籃球的先決條件；沒有高爾夫球具，亦不能打高爾夫球。而這些運動設備，非常昂貴，薪水階級難以負擔，其運動效果又不一定比太極拳好，看在荷包的份上，我主張打太極拳。

③ 健康的人固然可以練習，有病的人也可練習。太極拳對體質強的、弱的，都一律歡迎，其他種類的運動則沒有這樣的優點。

④ 適合各種年齡的人去練習：中年人和老年人，固然可以練習，年輕人和小孩子

也可以練習，男士們可以練習，太太小姐也可以練習，無性別年齡的限制。

⑤每日可以任意選擇一個適當時間練習：每個人的工作環境或生活環境都不一樣，有些人白天工作，有些人晚上工作，有些人上輪班的三班制工作，工作時間不同，各人可以隨著自己的工作、生活型態，選擇一個自己認為最適當的時間去練習。早晨、黃昏、白天、夜間都無妨，而時間的長短也可自由控制，有時間不妨多練幾次，沒有時間就少練一次兩次都可以。

太極拳的優點如此之多，為什麼不容易普遍推廣，成為一般人所接受的運動呢？其原因不外以下幾點：

分析起來，一種運動之所以容易推廣，大概有兩種原因：第一，這種運動本身使人具有趣味感；第二，雖然沒有趣味感，但是功效顯著，具有吸引力。這兩種原因都可以使人興起學習的意念。舉個例來說，各種球類運動，本身就有一種遊戲的成分在內，所以大多數人都覺得球類運動很有趣、很好玩，雖然不會玩也想去試試，於是就很樂意自動去學。再舉個例來說，舉重運動很難引起別人的興趣，但一般人看到練習過舉重的人，身上那些健美的肌肉時，也許就會想去學習舉重，那些健美的肌肉，就是功能顯著的吸引力。

但是「太極拳」外形上卻缺乏上面兩種易於為人接受的原因，不了解太極拳的人，很

不容易辨別太極拳每一架式動作的優美性，當然也不知道太極拳在保健及武術攻防上的有效功能。他人見到的只是一種動作緩慢而又缺乏氣力的柔性運動，既不能作爲群體遊戲且沒有娛樂性，又不能有什麼可見的功能來吸引人。至於武術攻防上的效能，因爲難得一見，使許多人抱著懷疑的態度，而不願嘗試。

過去學過太極拳的人，多半在未學以前就有過與拳友接觸的機會，在閒談中或多或少對太極拳有了部分的了解，才培養出學習的興趣，進而產生了學習的意念與行動，這是太極拳在學習意念的產生過程中所遭遇的困擾，也因此推廣起來極不容易。

九．論動中求靜靜猶動

　　練功要靜，如何靜？我對靜的感受是：靜中必帶有動，動中一定也有靜的心境。有人說：「我實在辦不到，一靜下來，就會心猿意馬，胡思亂想。」其實每個人一開始都是如此。我的想法是：當你練功時不能只是默想，而是要把你的思想帶到每一個動作裡去，高低起伏，動盪不已；然而若要到這種境界，必須要把握的就是「鬆」。

　　如何鬆？我認為練太極拳時，手的動作不能只是直來直往，腳步不能只是前弓後箭，而是要每一動作，必須經過湧泉、足踝，環繞小腿到膝，環繞大腿到胯，環繞腰到脊柱，到肩、肘、腕，這種節節相催，透過螺旋式的旋轉才能鬆。〈太極拳經〉告訴我們要「氣沉丹田、虛靈頂勁」，就是將意識往上提，而氣往下沉才能鬆；要不斷地加強意識的導引，整個身軀不能有絲毫拙力才能鬆，在「旋腕轉臂」的動作中，要做到沉肩、墜肘、坐腕、突掌、舒指等一連貫的動作，前面要逐漸擴及到鎖骨，後面則要擴及到肩胛骨，這樣才能鬆；在「旋腰轉脊」中，要做到鬆腰坐胯、開膝圓襠等要領才能

鬆；在「旋踝轉胯」中，要做到外旋時，能旋轉到腰隙部位，內旋時能到達會陰部位才能鬆；要做到大腦皮層靜靜地抑制，潛在的先天炁才能有自發性震動，漸而觸及動脈而引起全身的震盪，所謂「浮陽不動，潛陰始流」才能鬆；練拳時要令其骨轉，逐漸及於骨縫中的肌肉按摩，而產生聲響才能鬆。

如能做到以上的要領，則漸漸能鬆到底、鬆到裡、鬆到透。到此境地才能體認靜；如果對靜的意義沒有把握好，就是鬱。

所以要靜下來，最先就是要「導引」，求其放心而已。但導引最初也需深呼吸，就是用武火，然後用文火溫養，這種動靜合一，才是真靜。〈太極拳經〉也說到：「動中求靜靜猶動」；靜坐時也需靜中求動動猶靜。

當我們意識集中丹田時，有時一會兒又不自主地想到別的地方去了，這就是誠意已弛，必須把心再收回來，不斷弛往，又不斷收回，漸漸地就不需要導引，而已形成自然的現象。所以深呼吸久了，雖然是深呼吸，但也順乎自然了。當我們已有了先天炁現象，就不要刻意強迫它大動，或抑制它不動，否則就是違背自然。我所說的「自然」，就是這種綿綿若存、靜中有動的自然，所以練拳時，要依規矩而脫規矩，這就是導引走向自然。

十．論一動無有不動

首先我們要知道，人體全身有九個主要的大關節，以手而言，分為肩、肘、腕；以身而言分為腰、脊、頸；以足而言，分為胯、膝、踝。假如每一動作不能從跟開始，也就是從旋踝開始，就無法深入其妙。所以我教學生練拳時，必須從足部的踝、膝、胯開始，做基礎上的鉸鍊：如雙併旋轉、雙分旋轉，然後再練旋腰轉脊，逐步由下而上，最後達

到九個主要關節同時旋轉。如能每一動作都達到同時旋轉，則整個身軀內內外外，都有自我按摩的作用，也不會浪費局部運動的時間。

初練習關節旋轉時，要慢要悠，才不會使軟骨組織受到傷害；且會產生骨液，有助保護關節上軟骨組織及周圍血液的供應。當我們初練每一關節旋轉時，是由外引內，以筋骨為主。裡面的動作幅度較大。

俟引動內部鬆靜後，再漸漸由內而外，以推
動氣機活動爲主，此時外部的動作相對的幅
度漸小，而內部的運動量反而增加。另外，
由於身體的兩側，爲少陽經脈通過之處，其
氣弱，運用旋腕轉臂的動作，使兩側內部動
盪之氣增加，使之充實，對於肝、膽、胸、
肋等具有保健的作用。

釋疑篇

教拳、教「太極導引」多年，接觸日多，所提出的問題也越多，這是自然的現象，有些問題具有共通性，就從中擇取一些綜合說明以釋群疑。

　　太極拳與太極導引基本上是養生健身的功法，功夫下得深時自然也是一種自衛防身之道。因此以平常心練拳，接受「太極導引」的訓練，在過程中所發生的諸般現象，只要處之以自然，或就問題尋求答案，久而久之，身心兩利，就會享受到功成願遂的樂趣了。

一.練太極導引有何條件限制？

我教拳所收的學生不下千人，學生學拳的心態有多種類型：有的是已經有了某種病變，治療無效，不得已才求救於練太極拳；可是學習一段時間後，效果不彰，就放棄了；有一種學生，由於環境優裕，不肯吃苦，在運動過程中，難免有些小的傷害，如筋骨扭傷、關節痠痛，因而感到不耐，短時間後就不學習了；一種是資質欠佳，喚之不醒，即使是淺顯的道理亦不能解，反而認為太玄虛，或說：「練拳就是練拳，為什麼又搬《老子》的專氣致柔？這與練拳與養氣又有什麼關係呢？」；一種是問得多、練得少；一種是揣測老師的動作，是不是自己創出來的，而對這些動作半信半疑；還有一種是開始好奇，最終怠惰……等等。

我對練太極拳的觀念是，練太極拳要有志、有識、有恆，缺一不可。

「有志」是多方了解練太極拳的好處，使它成為生活的一部分，這種中心思想始終不變；「有識」是要研究理論方面的知識，並在身上求得驗證；「有恆」則可培養興趣，有了興趣才能持之以恆。此外，更應體認到

過程中的困境。因為在練拳的過程中，有越練意興越低的時候，這就是困境。當遇到困境的時候，絕不要間斷，因為熬過此關便有一點點進步，再進再困，再熬再奮，自會有高層次的功效上身了。

其次是在自修處下功夫，不要專在勝人的地方求強求勝。因為能勝一個人，甚至能勝十個人，又怎樣呢？心裡總是想比來比去，總想勝人一籌，一旦有些進步就會產生一種驕傲的心態。其實練太極拳就是學會做人處世的道理，聖人千言萬言，不外「敬恕」二字。我們心靜氣恬地練拳的時候，如果遇事還會心生忿懥，就是無養之故。練拳要捨棄面子，面子能捨棄，心才能放鬆；心能放鬆，體亦放鬆，才能慢到十分。若能慢到十分，就能快到十分、靈到十分。我們常聽到人說：一個人能捨棄多少，就能得到多少。不也就是上面所說的：能慢到十分，就能快到十分嗎？又說：成己然後成物，己立然後立人，所以我認為《老子》所說的「自勝者強」，是很有道理的。

二. 為什麼練太極導引
比其他運動更覺痠楚疲累？

　　太極導引、太極拳與其他運動最大的不同，是主鬆、主靜、行氣髓，為內功之法。因此它的運動可及於身體肌膚、骨縫、關節、經脈的最深處，這和一般運動只注重外形不同。練習者自然會有特別痠楚的感覺，而這正是變化體質的開始。

　　此外，平常較少運動的人偶一運動，肌肉內長期累積的尿酸就會排出，立刻會感到痠脹，只要持續練習，自然消除。

三．太極導引與中醫經絡學或養生保健方面，有何關聯？

「太極導引」本是融合道家哲學、丹道氣功及中國武術的訓練方法，其一招一式均符合中醫經絡學的經驗法則。

首先「太極導引」無論是「導氣」或「引導」，都採意識配合動作的鍛鍊方法，也就是做動作時，要求修習者需精神貫注，將思想意識始終集中在動作上。這樣才可排除大腦其他思緒的干擾，專注於指揮全身器官系統機能的變化和協調，使大腦的皮質運動中樞處於高度集中的興奮狀態，而使其他部位處於抑制的休息狀態。如此自然就可以充分調節日常生活中，各種事務所引發大腦皮質、神經細胞的興奮動作，使工作上的疲勞快速消除，有助於精神、體力的恢復。這也就是練習「太極導引」之後，較易於體會「靜」、「定」的原因。

練習「太極導引」時，呼吸的深、長、慢、勻，是配合動作的進行；「引體」的螺

旋狀旋轉，使人體的九大關節一動俱動，關節、韌帶和軟骨組織的結構亦得強化；而「丹田內轉」的要求，可使腹腔各臟器得到規律的按摩，活動量增加，就能促進消化功能。由於長期的練習，吸呼頻率會減少，肺活量和呼吸差也會增大，更能使運動的效果大大提升。在做導氣、引體時，視情況的需要，可以閉目觀想，也可以意識集中，將目光隨動作而移動。觀想內在的臟腑部位，可以意識助其蠕動，讓不隨意肌也能自由控制；而眼睛隨著動作時，或集中於指尖、或遵守「遠」的原則，均可讓視神經得到規律的鍛鍊，對視力有良好的保健作用。

導氣、引體與氣的修練有關，都是屬於中國的氣功：其中氣的鍛鍊特別注意手腕旋轉的脈管——中醫稱爲「氣口」，與全身十二經絡的關係。脈管分爲寸、關、尺，分別反應了上部心肺、中部肝膽脾胃及下部腎、膀胱的機能，因此引體、導氣的動作中，有「旋腕轉臂」的坐腕、突掌、舒指等，訓練脈管有助於相關經絡的暢通。在身體所採用的姿勢上也需要配合練功的要求，改變平常的體位，採取「虛靈頂勁」、「尾閭中正」的姿勢，這是因爲位居督脈、接達任脈的長強穴，在不斷地受到運動按摩時，就能達到通調任督兩脈，及提攝肛門的作用。

「太極導引」及太極拳是意識、動作、呼吸三者之間同時協調的運動，因此在纏絲螺旋中，要求「以意導氣，以氣運身」、「氣宜鼓盪，遍布全身」，以意識帶動丹田的內

氣，經由以腰為軸心的迴旋動作，讓內氣通過腕臂、腰脊、腰胯及腳踝的纏繞運動，遍布於周身，並通過任、督、帶、衝四脈，使氣達於四梢——肉梢的舌、血梢的髮、骨梢的齒、筋梢的手指、腳趾，這是極為理想的氣管循環狀態。

就細部來說，腰的旋轉對脊髓神經有刺激作用，對消除腹內器官的內傷、瘀血、腰痠、背痛、坐骨神經痛及五十肩的治療亦有療效。

會陰部分的提放收縮，對痔瘡很有療效。

丹田內轉對消化系統的強化大有助益。

慢而細微的放鬆式旋轉，可擴及細小的微血管。經絡暢通、內臟器官的功能加強後，對高血壓的下降亦有功效。

九大關節的同時旋轉，可使：

①肌肉及形體暢通，增加彈性。

②可增強細胞的新陳代謝。

③可刺激身體內部一切的生命過程。

④可使體內獲得更多的氧氣。

⑤可提供各組織器官對氧氣的利用率。

因此太極拳或「太極導引」確可稱為兼顧氣能、體能的整體養生保健功法。

四.太極導引能否治病？
何以有人練後，反有不適現象？

我在教學時，經常有學生開口就問：練「太極導引」可否治療他的多年痼疾？這個問題真是難以回答，因為太極拳重在養生健身，療未患之疾；有病的人還是應該先延醫治療，以免耽誤。當然也有很多人練太極拳或「太極導引」之後，把困擾多年的關節炎、胃病、失眠等病症治癒。但是我認為：這些都是練拳後的自然結果，無需著意。

「太極導引」或太極拳都主靜、主鬆，有些人練到高度入靜後，或許有些奇異的現象發生，如冷、熱、痠、痛、脹、麻等等，這些都是因為體質不同，或者屬於原有疾病的自我調整階段，久練之後，自然就會漸漸消除。有的練功時會哭，有的會笑，這也與一個人的潛意識在鬆靜後的浮現有關，發出來反而是一種淨化作用。所謂「不靜不見動之奇」，就是這個意思。

另外有些人不練還好，一練之後反而有些

病態出現，如關節受傷、頭昏、氣停滯頭頂、咳嗽，甚至吐血等等。事實上，這些病有的是早就潛伏體內，運動之後才激發出來，只要維持鬆、靜等自然原則持續練下去，大多能夠痊癒，而得到真正的健康。有的是因為心急求成，不能放鬆而強扭，不能入靜而強抑，自然會使韌帶拉傷、頭昏氣促。練習者若能以無為之心，持之以恆，自見功效。

五.氣動了，怎麼辦？

練習「太極導引」易引發先天炁動，這種氣，不是一般肺呼吸的空氣，而是行走於經絡中的元氣。

練習初期，會有腹鳴、打嗝、排氣等現象發生，這是體內臟器的牽引按摩導致廢氣的排除，腸胃會微微蠕動，這是氣機已動，進而蠕動及於動脈，遍及全身。引體時，內部骨骼連連作響，則是纏絲的效果，所謂「纏絲者，運氣之法門」也。

有人氣機一動，非常興奮，蓄意加強，實無必要；只要把握靜的原則，繼續去練，自可收先天炁運行骨髓的效果，使之自然疏通經絡，通暢四體。更進一步，若掌握此氣，才能體會意到氣到、氣到勁到的境界。

其實中國人練氣，不外調身、調心、調息而已。

調身在「鬆」，調心在「靜」，調息在「呼吸」，無論自然呼吸、順呼吸、逆呼吸、停閉呼吸、潛呼吸、真呼吸等等，只要執一有恆地練，使之成為自然之勢即可。但是有些人求成速效，練氣練得氣往上浮，聚於頭頂或夾脊間，久久不能散去，頭昏欲嘔等，這

就是所謂的「氣病」，此時應練習氣歸丹田，也就是不注意吸氣，而專注呼氣，並以「落點」的方法來平息氣病的現象。

　雖然〈太極拳經〉云：「以心行氣」、「以氣運身」，但是練拳時，不可只顧默想氣在體內如何運行。這樣著急，自會有求成速效之心。練習者應把意識貫注於動作中，把握悠、慢、鬆、靜的原則，氣自然暢通，不會有什麼「走火入魔」的現象發生。否則神態呆滯，不僅阻礙氣的運行，也會造成氣勢散漫的病象，而致意氣兩害。故〈太極拳經〉說：「意在神，不在氣，在氣則滯」，練習者不可不察。

六．練太極導引、太極拳
能否防身禦敵？

太極拳本是內練身心、外禦強敵的有效攻防之學。一般拳術不外壯欺弱，慢讓快，有力打無力，手慢讓手快。但是〈太極拳論〉說得好：「此皆先天自然之能，非關學力而有為也。太極四兩撥千斤，顯非力勝，耄耋能禦眾人，顯非快慢而已。」只是練拳者不應先求競試比武之意，只要努力去練，自能知曉陰陽，漸至懂勁，然後參習粘黏連隨的聽勁功力，而至得機發勁，所謂「彼不動，己不動；彼微動，己先動」。行氣若能如九曲球，無微不到後，運勁自如百練鋼，無堅不摧矣。

所以練習者還是把目標放在自己的身上，朝自己身心的深處打吧！

七. 身病還將心自醫

我常在想：宇宙是何等的奧妙！人的身體亦如一小宇宙，人究竟對自身了解有多少呢？人常想試著去了解自己，卻無從下手，正如同面對浩瀚宇宙時的心境一般。

常有人問我為什麼能潛心研究太極拳三、四十年，我總是開玩笑說：那是因為我有「先天優越的條件」。

所謂條件並非有什麼才智或特殊環境，而是我自幼身體虛弱到無以復加的地步。13歲在高小讀書，就得了傷寒，一病躺在床上，就是一年半載。而後從軍對日抗戰，跋涉大江南北，吃不好、睡不好，竟病到小便成血。輾轉來台之初，生活也未能安定，加上日夜憂思，又罹患甲狀腺腫瘤，住院開刀後昏迷不醒，醫師們都放棄希望了，孰知第二天又奇蹟似地睜開眼睛……。

回想過去種種艱難，我常思索玩味一句話：「未死先學死，有生即殺生」，以之淨化內心的苦悶。

我會和太極拳結下終身之緣，就是因為虛弱病變所致。爾後我就很少找醫生，時常把身體內在的病變視為我的敵人，我要自己開

源節流、招兵買馬去與敵人戰鬥。在節流方面，我從靜入手，培養元氣，謹於眼，目不外視而魂歸肝；謹於耳，耳不外聽而精歸腎；謹於口，則兌合不談而神歸心；謹於鼻，則鼻不外嗅而魄歸肺；謹於意，則用志不分而意歸脾。在開源方面，就到大自然空氣清新處，吸收大量氧氣，下定決心探究太極拳；一方面要把氧氣、養分送到身體各部分，一方面又要在丹田儲備、提煉能量。

另外是要知己知彼、百戰百勝，也要進一步了解我的敵人方能致勝。所謂「自身有病自心知，身病還將心自醫，心境靜時身亦靜，心生煩時病生時。」這是經驗，也是戰略。

練拳永遠的目標不是朝外打的，而是朝裡打，朝自己身心的深處裡打。

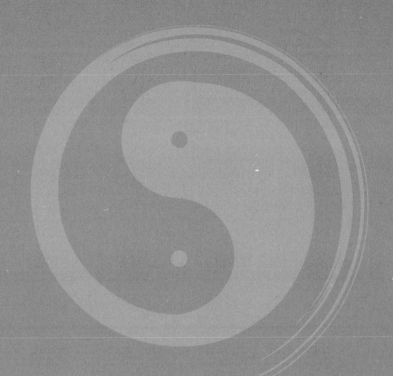

附錄

經論

1.〈太極拳經〉

太極者，無極而生，動靜之機，陰陽之母也。動之則分，靜之則合。無過不及，隨屈就伸。人剛我柔謂之走，我順人背謂之黏。動急則急應，動緩則緩隨。雖變化萬端，而理為一貫。由著熟而漸悟懂勁，由懂勁而階及神明。然非功力之久，不能豁然貫通焉。虛靈頂勁，氣沉丹田，不偏不倚，忽隱忽現。左重則左虛，右重則右杳。仰之則彌高，俯之則彌深。進之則愈長，退之則愈促。一羽不能加，蟲蠅不能落。人不知我，我獨知人。英雄所向無敵，蓋由此而及也。斯技旁門甚多，雖勢有區別，概不外壯欺弱，慢讓快耳。有力打無力，手慢讓手快，是皆先天自然之能，非關學力而有為也。察四兩撥千斤之句，顯非力勝；觀耄耋能禦眾之形，快何能為。立如平準，活似車輪，偏沉則隨。雙重則滯。每見數年純功，不能運化者，率皆自為人制，雙重之病未晤耳。欲避此病，需知陰陽。黏即是走，走即是黏。陰不離陽，陽不離陰，陰陽相濟，方為懂勁。懂勁後，愈練愈精，默識揣摩，漸至從

心所欲。本是舍己從人，多誤舍近求遠。所謂差之毫釐，謬以千里，學者不可不詳辨焉。

2.〈太極拳論〉

一舉動，周身俱要輕靈，尤須貫串。氣宜鼓盪，神宜內斂。無使有凸凹處，無使有斷續時，無使有缺陷處。其根在腳，發於腿。主宰於腰，形於手指。由腳而腿而腰，總須完整一氣。向前退後，乃能機得勢。有不得機得勢處，身便散亂，其病必於腰腿求之，上下左右前後皆然。凡此皆是意，不在外面。有上即有下，有前即有後，有左即有右。如意要向上，即寓下意。若將物掀起，而加以挫之之意。斯其根自斷，乃壞之速而無疑。虛實宜分清楚，一處自有一處虛實，

處處總此一虛實。周身節節貫串，無令絲毫間斷耳。

3.〈十三勢行功心解〉

以心行勢，務令沉著，乃能收斂入骨。以

氣運身，務令順遂，乃能便利從心。精神能提得起，則無遲重之虞，所謂頂頭懸也。意氣須換得靈，乃有圓活之妙，所謂變轉虛實也。發勁須沉著鬆靜，專主一方。立身須中正安舒，撐支八面。行氣如九曲球，無微不到；運勁如百練鋼，何堅不摧。形如搏兔之鶻，神如捕鼠之貓。靜如山岳，動如江河。蓄勁如開弓，發勁如放箭。曲中求直，蓄而後發。力由脊發，步隨身換。收即是放，放即是收，斷而復連。往復須有摺疊，進退須有轉換。極柔軟然後極堅剛，能呼吸然後能靈活。氣以直養而無害，勁以曲蓄而有餘。心為令，氣為旗，腰為纛。先求開展，後來緊湊，乃可臻於縝密矣。

又曰：先在心，後在身，腹鬆靜，氣斂入骨，神舒體靜，刻刻存心，切記：一動無有不動，一靜無有不靜。

又曰：彼不動，己不動，彼微動，己先動。似鬆非鬆，將展未展，勁斷意不斷。

又曰：牽動往來，氣貼背斂入脊骨，內固精神，外示安逸，邁步如貓行，運勁如抽絲，全身意在精神不在氣，在氣則滯。有氣者無力，無氣者純剛，氣如車輪，腰似車軸。

導氣引體，道法自然

訪問熊衛先生談「太極導引」

李豐楙

　　據日本《壯健》雜誌預測：未來對於人類最具有震撼性的運動保健方式之一，將是中國的「氣功」。可見氣功經由專家學者的研究，已逐漸爲現代社會所樂於接受，且具有相當樂觀的遠景。因爲氣功不僅是中華文化中歷史悠久的身體文化，而且將隨著科技文明的發達，被證實、被肯定其中所蘊含的高超成就：這是由於現代社會亟需一種簡單、有效的運動保健活動，能在較經濟的時間、空間的考慮下，獲致高效率的身心運動，氣功正是中華身心文化奉獻於全人類的瑰寶。

　　「太極導引」就是中華氣功、丹道文化中的具體表現，近年來筆者從事中國養生學的田野調查時，曾將熊衛先生及其「太極導引」整理成專題論文，因而引起《華視新聞雜誌》、《常春月刊》等傳播單位的興趣，製作節目，詳加報導。播出之後，在不同的情況下，接到許多反應，其中有一共同的願望，就是希望能夠再做一次深入的說明，將有關「太極導引」的諸般問題，懇請熊先生親自解說。因此在徵得熊先生的首肯之後，擬出一些關鍵性的問題，與他做過多次的訪

談。基於多年來所做的氣功、丹道研究，下述的訪問分別從兩方面著手：一是「太極導引」的特質為何、如何形成、其淵源何在？基本原理又有什麼依據？為何演練後就會有效？這是有關「太極導引」具有其獨特性的部分；另一方面則是從中國道家、氣功的傳統，試對「太極導引」做一觀照，在丹道、氣功的歷史發展中，這一深具中國風格的保健運動，它的特色何在？應占有怎樣的獨特地位？這樣既可衡量其獨特性，也可看出它與諸家太極拳的傳統性。

在多次的訪問、求證中，熊先生平實而坦率的解說，可說是田野調查的過程裡，極為愉快而有趣的經驗。面對具有東方神秘、中國神秘色彩的氣功、丹道之學，這一段訪問使我們越發增加一分信念：中國的丹道、氣功是文化之寶，歷久而彌新。對於熊先生的詳盡解說與提供豐富的資料，謹在此表示由衷的謝意。

1.原理

李（筆者自稱）：請問熊先生為何會有「太極導引」的構想，它有什麼特殊的意義？

熊先生（以下簡稱熊）：按照老子的說法，「太極導引」只是道的體現，是一種強為之名而已。將太極之理運用於人的身心活動中，由體而用，有本有源。問題是在對於太極之理，各人有各人的體驗，而運用出來時，就會出現不同的解說。我們常看的道家典籍、前輩所著的拳經，因為經典的文字簡

潔、扼要，只提示原理、原則，所以解說、注釋出來就各有會心之處。「太極導引」正是個人所體會而得的太極原理，實際運用於導氣、引體的動作中，可說是道家的養生學、養生術。

李：「太極導引」既然是熊先生所創獲的道家養生學、健身術，那麼請問它是如何構成？有什麼傳統依據？

熊：太極導引是結合了中國道家的哲學、氣功的活用，以及中醫保健醫療的體育活動，成為一種有內涵、有形式的健身、健心術。說起它的傳統，就要感謝一些師長、前輩的啓蒙、指導。最先是從太極拳入門，經由李壽籛老師的引導，學習楊家太極；又從周增霖先生學習郝派太極，後來又有機緣聆

聽許多前輩講解有關太極拳理的運用，其間因工作關係調往高雄時，又從王晉讓先生體會趙堡架陳家太極的巧妙。這些都是師長前輩所傳授的寶貴經驗。但古語說：「師父領進門，修行在個人」。在這三、四十年中，

縈繞心裡的就是如何將這些太極之理融合、貫串，成為一種屬於自己身心所能發揮的修養。「太極導引」可說就是這些心得的結晶。

李：前面你提到太極之理，書上有講，前輩也曾說，但事實上是各有各的體會，因而就逐漸形成百十樣的氣功。請問你的體會又是如何？與其他的運氣引體又有什麼不同？

熊：這是比較難答的，因為我不能說「太極導引」就一定比其他的導引術高明，而只是說個人所體會的道家、拳經上的智慧，有一得之愚而已！中國的哲人常仰觀俯察宇宙之間，發現一種運行不已、自強不息的道理，可說是旋轉運化。萬物生成，宇宙運行是動的、有生機的，所以大自然中充滿了生命。太極之理就是強調人不能靜止不動，要運動要活動，才能生活下去。而這種宇宙運行的軌跡，不是直線的而是旋轉的圓形。「太極導引」捨棄一般習慣的直來直往的運動方式，而採用旋轉的、圓弧形的進行方式，因此讓許多初接觸的人覺得驚奇、訝異，一旦接觸日久之後，常是欣然同意，樂於接受。

李：旋轉運行是中國人的宇宙觀，它不盡是哲學的抽象思維，而且也獲得近代科學的印證，在理論上是可以成立的。能不能再具體說明，如何將這種道理落實於人體的運動中？

熊：我先引用一句話說明：所謂「天無旋則毀，地無旋則墜，人無旋則枯。」地球在

宇宙中是循著圓弧形的軌跡運行著，人法天、法地、法自然，因而在運動時也需依循旋轉的原則，這就是纏絲運轉的道理。過去陳派高手一再強調的纏絲勁，就在於巧妙運用物體在旋轉中，增強內在的勁道，好像子彈擊發時，沿著槍膛快速推動，是以來福線的圓弧運動進行，因此產生瞬間的爆發力。如果只是直直的前伸，力道就不大；而改變為旋轉式的推進方式，大圈中套小圈圈，蘊蓄的勁道就有意想不到之妙。

李：纏絲運勁的原理，在陳家太極的理論與運用中，被公認為深具特色的。但你先已接受楊派、郝派的嚴格訓練，又如何將它融合在一起？依我們的觀察，你在使用爆發力時，所運蓄的勁道是不太一樣？就淺見所

及：國內高手能在瞬間達到這樣震撼性的內勁的，你是具有獨到之處。請問：這是如何來的？

熊：拳經常說的有許多是描寫這種情形的：像「筋骨要鬆，皮膚要攻」、「柔行氣、剛落點」、「一羽不能加」之類。纏絲運勁需要鬆，肌膚要鬆、筋骨要鬆，鬆到裡、鬆到底，這樣才能了無障礙。根據旋轉之理的訓練，不但要氣沉丹田，而且要丹田內轉，內轉潛發，才能使丹田蓄發內勁，才有足夠的爆發力。而爆發的過程就在肌膚、筋骨要能鬆透，才能一無阻礙，意到氣到，瞬間即至，這就是所謂的爆發力。

李：爆發力自是功夫精湛的高境，是許多氣功修練者夢寐以求的。對於一般人而言，

這種鬆柔訓練有什麼功效？

　　熊：鬆字訣是「太極導引」的訣竅之一，演練時如果不能鬆柔，而顯得僵滯、生硬，就不能確實把握太極導引、太極拳的要領。要鬆就要依照旋轉的原理，將四肢、肌膚逐漸旋轉，在不斷的伸屈轉動中放鬆，由外表的肌膚層鬆到內部的肌膚層，由身體的表面逐漸鬆到內部的臟腑。一般說來，身體上的胸肌、肩胛部分是不太容易任意活動，尤其臟腑器官更不易隨意而動，經過鬆柔的運動，就可隨著自己的意志，讓它自然的蠕動。現代社會的生活壓力較大，胃腸容易因緊張而生病變，如果能讓它鬆弛，增加蠕動，自然對於內部的臟腑具有治療腸胃病、增進食慾的功效。要鬆要柔，驟看好像容易，其實鬆是沒有止境的，一般人習慣於各種用力的方式，一下子要去掉拙力，從放鬆中培養新的內力，這是必經的階段。

2.運用

　　李：太極導引既然是運用太極之理的導引動作，能否概括地說明它的內容？

　　熊：太極導引凡有十二式，分做導氣六式，引體六式；導氣六式包括呼吸以踵、南北拉極、氣機交替、推手舒展、引腕彎腰、抱元守一；引體六式則包括：旋腕轉臂（正式）、旋腕轉臂（隅式）、旋腰轉脊、通臂雙旋、旋踝轉胯、三旋合一。一般初學者宜從引體開始，配合一兩式導氣，逐漸練習到習慣以後，才能從導氣第一式做到第六式，使全身氣機騰然；然後再依序演練引體、導氣

入於肌膚、入於筋骨，成爲一氣呵成的活動。

李：能否詳細說明「導氣」六式，如何養氣？如何導行於經絡？

熊：「氣」的修練是將人的神（精神）、形（身體）和呼吸能動地結合，鍛鍊人體的眞氣，借以達到防治疾病、保健強身的運動。經由自動性的調整，對於身體產生自我平衡、自我修復的功能。「導氣」六式即是包括靜功、動功的靜動功，在規劃有序的動作中，讓人體內在的氣能順暢地流動於十二經絡等脈絡中。有關中醫學、道家丹道所說的「氣」——道家特別用「炁」字表示先天炁的狀態，現在已經由科學家逐步證明，諸如克里安照像術之類。氣是可以培養的，

在丹田的部位養氣，從西醫解剖學上看，氣當然是經由呼吸器官吸進體內；但在中醫學講究經絡時，確相信氣可在丹田之內培養、九轉，然後循著不同的動作，將氣導行於其中。

李：氣的存在，經絡的路線確是尚待科學的進一步證明，但只要有練氣的經驗，大家都會承認有種氣動、氣行的感覺。所謂規劃的動作，是不是指所指導的一些屈伸、引挽的姿勢？這些姿勢與古籍中的「導引圖」，以及各種功法是否有些相似之處！

熊：中國自古就流傳有各式各樣的導引圖式，因爲流傳時日久了，姿勢繁多，常讓人有無所適從之感。這裡的導氣六式即是根據老前輩傳授的內功心法，適合現代人的需

踵」，就是氣息綿綿、湧泉湧動的感覺。這個動作是上下的拉伸，調動了足三陽經、足三陰經、陽維、陰蹺等。比較「推手舒展」，則是左右的屈伸，手臂向左右逐漸舒展的過程，先是坐腕，再來是突掌，最後是舒指。我們都知道中醫在把脈時，講究寸關尺，因為這一部位極為敏銳地與全身經絡、穴道有關，由此可知氣血運行的狀況。推手舒展就是在一連三個連續動作中，讓氣血明顯地隨著一坐一突，然後舒伸手指，產生觸電、麻脹之感。類似這些動作，看似簡單，其實包含了複雜的人體經絡學原理。

李：導氣六式的前五式，都是動功；為何第六式的「抱元守一」採用靜功？這有什麼用意？

要，重新加以規劃整編的，方便於現代的時空。如「呼吸以踵」，將氣納丹田，然後擴散於四肢，當氣量貫於指尖就會有麻脹之感，這時兩腳自然提高，所謂「真人之息以

熊：氣功的動、靜功，其實要兩相配合運用，如果沒有前五式先引動氣機、流暢氣血，那麼「抱元守一」的靜功，就不能達到預期的效果。前五式的動作，既已經有了上下、左右、斜舉、前彎等姿勢，大體能使氣血流動於經絡之中，全身的氣能、熱能已蓄積將足，這時需要抱一養氣。其實這一動作包括了兩個動作：一守膻中，另一則近於插手功。通常在進行「抱元守一」時，需要闔眼垂簾，使心不外馳、精神內歛。一些演練者在做完前五式，進入第六式後，調身、調心、調息，就會逐漸進入靜狀態中，氣息綿綿，吐納深長，獲致極為愉悅的體驗。

李：導氣六式也是根據旋轉運氣的原理嗎？如何與引體六式配合？

熊：導氣六式自然也以旋轉原理為主，但主要的是為了先培養氣機，流暢氣血；而將旋轉原理徹底地表現出來的，就要在引體動作中求。這六式主要的是旋腕轉臂、旋腰轉脊、旋踝轉胯；通臂雙旋則是配合、加強的一式。人體中的九大關節，前五式分別活動了腕、肘、肩、脊、頸、胯、膝、踝，每一關節都能放鬆。而手掌部分則配合腰、胯，一坐一突再一伸，將氣血貫串一氣，這些動作的幅度極大，可高可低、可大可小，大圈中套小圈，最後不見圈圈，而只是身體內部的旋轉活動，因為全是氣與肌膚、臟腑的配合，已到了有意、無意的狀態，不甚吃力，但一旦溢出，就有一股沛然內充的內勁。

李：「三旋合一」作為第六式，有什麼作

用？對於前五式是綜結嗎？

熊：「三旋合一」是較高級的動作，先做好了前五式，將九大關節都鬆開，肌肉都鬆透，整體貫串起來，古人常說如貫九曲球，珠子是圓活運轉的，又與其他珠子前後連貫，這才能說是貫珠。一旦通身俱鬆，由外而內、由大而小，已經能鬆到裡，就可體會到三旋合一的妙處。開始做「三旋合一」，是有貫串前五式的作用，這時動作的幅度較大。功夫深了以後，隨著內部動盪之勢加大，外表的動作反而逐漸縮小，這時整個身體的動盪，就有如風吹楊柳，生機盎然。「三旋合一」式作為引體的第六式，一方面固然綜結了前五式，貫串一氣；另一方面則是作為較高的層次，表現功夫深刻時，外表

氣定神閒，波平浪靜；而內裡則氣勢內斂，一旦發作則有雷霆萬鈞之勢。

3.修練

李：太極導引在演練的過程中，是否有什麼步驟？可以區分什麼階級？

熊：太極導引十二個動作之先後，是有其程序的：最初是要先練後六個動作（引體），俟內部由於不斷的伸縮旋轉，直到深層肌膚層都有了彈性，進而增強他的韌性後，再回頭練「導氣」的功夫，則內部比較適應。俟感覺都能適應後，日後再練時，就可導氣養氣，引體入骨（久練後骨節會發生聲響）。如時間不許可時，選擇其中做單獨練習亦可。

李：練習太極導引，是否有什麼年齡、性

別或體能的限制？

熊：太極導引既適合老年人，也適合年輕人，老年人姿勢較高，而年輕人姿勢盡可放低（王陽明所謂「柔腰百折若無骨」），至於女性及身體情況較弱的，也可比照老年人，採高姿逐漸加強體力、內氣，最後都可採用中姿、甚或低姿。我的學生中，有不少是婦女及七、八十歲的年長者，經一段時間的演練後，大多可做到低姿，這完全是要靠有心去練。值得一提的，也有長骨刺，甚至被醫生診斷為癌症的，都在耐心練習之後，獲致長足的進步。

李：在演練時會發生什麼現象？這又是什麼道理？

熊：由於導氣的動作，使人有腹鳴、肌肉跳動的現象，或打嗝放屁，這是氣機已動，腸胃也會微微蠕動，進而蠕動擴大，則波及動脈，因而蠕動遂及全身。（如孟子所謂「卒於面，盎於背而達於四肢」）如再加上引體，則內部骨骼連連作響，這是纏絲的效果，所謂「纏絲者運氣之法門也」。都屬於修練之後的正常現象，乃是有效的徵驗。

李：導引之後常有氣動的現象，一般人常怕有所謂「走火入魔」的情況，這時可能會使人緊張？防危慮險之道又是如何？

熊：如果全身已微微蠕動，最好不要刻意去幫助他動，仍然保持「無為」的心境，則此種現象會慢慢消失。如果自以為內氣已動，而又以強而有力的意識幫助他動，則會動得更為劇烈，甚至因此而受到傷害。孟子

所謂「氣以直養而無害也」。就是這個道理，都是順乎自然的現象，不必故弄玄虛，這是需要避免的現象。當然平常在練習中，如果感覺有不順，即改練「三旋合一」的動作來調整，等順暢後再繼續練習。其實只要持之自然，絕不會有什麼「走火入魔」的事。

李：太極導引對於現代人，尤其是居住在都市的上班族，具有什麼意義？

熊：太極導引是適合於現代都市人的一種運動，因為經濟繁榮之後，人們多趨向於享樂，所以日常生活中常出現一些不合乎「衛生」、「養生」原則的行為：諸如攝取過多的營養，而便利的交通、繁忙的工作，又使大家失去運動的機會，因而就易於罹患「富貴病」。面對科技社會所形成的壓力，使得都市人罹患胃腸病、或者其他病痛的情況大為提高，這是值得大家注意的。演練太極導引由於不需要昂貴的設備、寬大的空間，隨時隨地，方便就練，因此特別適合現代都市人的需要。

李：對於氣功的需求，近年來有漸趨熱門之勢。但由於現代人講究速效的習慣，因而也出現許多奇特的現象，這一方面先生的看法如何？

熊：都市人一旦犯病，遵照醫生的囑咐從事運動。常想：在短時間內以躁動、快速的方式獲致奇效，這是不正確的觀念。保健之道，重在平時漸進的運動，防患於未然，而不是短時間即可奏效。現代人總希望輕鬆的

運動量，因而有些宣傳就針對這種心理，強調每日數分鐘就可長命百歲，其實運動是要逐漸增加「量」，並循序提高「質」的難度；由淺而深，由外而內，才真正能夠得到運動的功效。這是給練功者的一點建議，原則上，太極導引不是保證在多短的時間內，讓學習者獲致不可思議的奇效。而是提供一套健全身心之道，讓學習者在自然進步中，發揮人的本能，自我調整、自我修復。這是自力的、自求多福的身心運動。

李：太極導引對於保健具有功效。那麼對於練功，包括太極拳或其他功夫，又有什麼作用？

熊：太極導引是太極拳、氣功的精華，也是練功的基礎功夫。練出正確的動作，如垂直的升降，從頭上百會到會陰，連成一線，又貫串到湧泉，那麼打太極拳時自然姿勢正確。尤其是內勁充實，自有水到渠成之日。以太極拳的體用言，能夠纏絲運化，自然可攻可守，而不是出拳僵硬、力道受限。這些是屬於太極拳的問題，需要專門論說，但終歸一句：打好太極導引的根底，才可更上層樓。

李：太極導引這種功夫，經由傳播工具的報導已逐漸受到注意，而歐美、日本及南非等，均有人來邀請前往傳授，先生有什麼感想？

熊：是的！這些年來國外有不少學校、團體至舍下相邀，但我覺得太極導引是中華文化，需要讓國內有心之士有緣接觸，這是為

什麼在政大成立「道家學社」傳授太極文化，也組成「衛道分會」參加中華民國太極拳協會的主因。它是得自悠久的中華文化，融合了道家哲理、國術精華以及氣功的活用，是屬於中國人的。這幾年在國內，由於一些教授的邀請，做了一些傳授工作。但太極文化、道家文化也應到海外去宣揚，讓外國朋友體會到中國人的智慧，所以在適當的情況下，確有國外之行的打算。

李：最後請先生對太極導引的推廣活動，以及國內的氣功熱，發表一些建議，好嗎？

熊：好的。個人深信「太極導引」是優秀的中華的身體文化，從40年前習拳至今，信念如一，而且越來越堅定，這是列祖列宗的智慧結晶，希望在我們這一代的手中能夠越

形發揚，加以科學化、現代化，對於中國人有用，對於全世界的人有用，這是中華文化對於世界文明的奉獻。當然這只是個人的一點願望，在這一切講究宣傳的時代，「太極導引」的推廣，還是要保持一貫的平實風格，這是衛道，這是較早「衛道分會」的成立宗旨。

編後記

　　許多初接觸「太極導引」的人，總不免懷疑：「我的身體那麼僵硬，怎麼可能把關節絞鬆？」「人的肺活量有限，『導氣』功法如何能擴充呼吸量？」如果他們確實去練習，一段時間之後，這些原本被他們認為不可能的事就會一一成為事實。但有些人又會產生新的懷疑：「究竟要練到什麼時候，身體才能鬆透？內氣才能外發？」「練太極拳的目的只在求鬆嗎？」也有人覺得自己進步不夠快，希望能學得一二訣竅，以期事半功倍、日進千里。

　　古人說：「人言此藝別有訣，往往不肯對人表。吾謂此藝無甚奇，自幼難以打到老。打到老年自然悟，豁然一貫神理妙。」也就是說，練太極拳（練「太極導引」亦然）無訣竅，只要平心靜氣、著實循規蹈矩去練，積久自然功熟。況且太極拳重在虛靈，心中一物無有，才是虛靈，一有所著，即不虛不靈。因此練拳應只問耕耘，不問收穫，更不能求速效，若把目的先放在心上，已是有所著，習練效果反而不彰了。

　　在習練的過程中，有些要領卻是應該放在

心中，時時玩味思索的。

　首先，要練好太極拳，下盤功夫非紮實不可。現代人的生活多採坐姿，腰腿鮮少運動，因此身體下部往往比上部更為僵硬。練太極拳時，一般人大多注重上部而忽略下部；大家知道沉肩、墜肘、含胸、拔背之重要，並盡量去做，但對於鬆腰、坐胯、圓襠，則或覺得無法體悟，或因身體鬆的程度不夠而不能確實做到。

　練拳時，腰是所有動作的主宰，無論上下左右旋轉移動，均應以腰為軸。至於兩腿之於人，恰如根之於樹，若不能氣沉丹田、力發湧泉，一經外力相加，必易因根基不穩而仆倒，豈能如風吹楊柳般搖曳生姿？不過兩腿的力量應穩而不滯，亦即確實做到「虛實

交替」，虛者靈如貓，實者定如盤。至於徹底的鬆腰坐胯，則有助於培養襠勁，而藉襠勁上翻之力，可令丹田氣機鼓盪，得機發勁。

　再者，一般人練拳，總是專注於外形而忽

略了內功，或專注於招式而忽略了理論。其實所謂外形和招式，都只能算「由外而內」的初步階段，僅在這個範圍下功夫，即使苦練經年，成就仍然有限。例如〈太極拳經〉中有「不偏不倚」一詞，一般人認爲是指形跡而言，亦即身體保持中正，不知古人所謂「不偏不倚」乃是「神自然得中」之謂——練拳只求「形似」而不能「神入」，如何能臻更高境界？

太極拳之所以名爲「太極」，即因它源自太極陰陽開合乃屬天機自然之運行，一絲不假強爲，因此練拳者亦不得有所強爲，否則便不符合自然之理，不得名爲太極。人身是個小宇宙，大宇宙的陰陽開合現象，自可在一體之中呈現，練習「太極導引」至一定階段的人，都已有實際體會。練習太極拳，其實是以身體的陰陽開合爲媒，試與大自然的氣息相合。

練功初期因要把身體內部的障礙一點一點摧毀，難免要流汗吃苦，但歷盡艱境之後，則是苦去甘來，開始能夠體會此中的曲折層次、無限境景，而感到機趣橫生了。

再版後記

本書初次出版已在10年前，這期間陸續有弟子據之為習練的輔佐。不少人感到疑惑：「為什麼書中的功法步驟，和老師上課時示範的不完全一樣？」我有一名弟子去國8年，返台探親時也發現同樣的現象，以為我又創了新的功法，而問道：「我是否要重新學習呢？」我回答她：「不必！『太極導引』的基本道理都是一樣的，不過在熟悉了動作後，應該依個人的體悟和身體狀況自行變化。」

我經常強調：習練太極必須經由「依規矩」的階段，進而至「脫規矩」的境界。所謂「規矩」，在太極導引即指功法步驟，在太極拳則指拳架。初學的人一定要切切實實依照規矩習練，才能打好穩固的基礎。至於「脫規矩」，並非表示棄規矩不用，而是要能不被「規矩」困死，能在「不變」的基礎上加以發揮變化。

根據我自己的經驗，經過數十年不斷地練習、不斷地體驗、不斷地思考，隨著身體「鬆」的程度愈來愈加深，我的身心就不斷發生愈來愈細緻的變化。

　起初，我的大關節在變，接著我的小關節在變，然後每一個更小的關節也產生變化。

　我淺層的肌膚在變，深層的肌膚在變，氣流也在變。

　我感覺到外在的空間在變，內在的空間也在變。

　我的心意變得更向虛空飛翔，心意掌握的細胞也產生微妙的變化。

　其大無外的在變，其小無內的在變；變到「四處無著之處，萬有皆空之境。」

　但所有的「變」，必須以「不變」為根基，也就是以「不變」而應萬變；據「不變」之理去窮變。這「不變」不就是「道」嗎？

　如果只知依照功法去練而不知變化，很快就會被功法套牢，無法再上層樓；而在對功法還沒有深切體認時就刻意求變，又容易走失了方向，至終仍不免走到困境。因此我企望習練「太極導引」的人，能夠不時玩味這「不變」與「變」之間的微妙。

出書因緣

《練氣養生入門——太極導引》終於完成了修定版，是熊老師首創「太極導引」以來值得紀念的大事，回想老師從高雄返北後再次授拳，又過了二十餘年。當初在新店開班傳授，大家一同接受熊式訓練法，那是一段汗水淋漓的「痛苦」經驗，場子內的師兄弟一同競比站樁流汗、反覆演練。就是這種苦練終能練出了國手級、國際級的好手（張仲仁師兄為全美太極拳總冠軍、李安《推手》的武術指導；黃國忠師兄為國際太極拳比賽銀牌獎）；後來同門就邀請熊老師到政大

「道家學社」教拳，北部大學的一些教授聞風而來。就在這段時間，我們提出了請求：請老師從豐富的諸家拳法及基本功法中萃取其精華，歸納出一套簡易而有效的功法。在大家的集思廣益之下，經由老師的反覆推敲，終於確定了「太極導引」的名稱及其十二式的全體架構。

確定了「太極導引」一名之後，熊老師一度遊美，並應南非功夫界之邀，出國傳授、宣揚他獨特的中國式身體文化；"Tai Chi Dao Yiin" 的英譯一再出現於當地的媒體

上。不過熊老師還是在意如何將「太極導引」在本土扎根，所以返國之後就專心傳授這套養生練氣法：一方面應邀在各大企業單位訓練主管、員工，被業內人士稱為「身體管理」，以增進上班族的工作效率；另一方面則是藝術團體的競相邀請訓練，如優劇場、國光劇校，期望能建立一套中國式的身體語言。這種目標經由雲門舞集與國立藝術學院的正式加入之後，《水月》的舞蹈形象、優的劇場動作、民族舞團的舞者……，一時之間「太極導引」幾於等同中國式身體語言。這一事實充分證明當初在政大校園中所定的大方向，從舞者、劇場人的身上印證了一種內外合一的宇宙觀、一種本土的文化符號。

在正式成立了「太極導引研究會」的前後，由於教學上的需要，熊老師就一再修正「太極導引」的教材，並應諸般情況之需而出版內部通用本：從小冊到精裝本都有；後來又曾在一些出版社正式出版，不過大體仍是作為行內演練者的參考之用。由於都是在圈子內使用，一般人士就不易完全了解，因而就出現了一些狀況，就是有曾經學過的竟然把全套「太極導引」的動作及名稱錄用，成為自己所有的著作。基本上，熊門弟子都素知熊老師推廣「太極導引」的苦心，但必須其功夫及人品經由熊老師及研究會理監事的認可，然後才能使用熊老師的書——一本畢生心血的結晶。現在竟會出現這種將「太極導引」的名目及動作「全錄」的狀況，實在是拜師弟子不該逾越的「門規」，也是當

今講究「智慧財產」的現代人難以理解的事！何況這種天經地義的「規矩」，竟然還經由媒體、出版社等大眾傳播一再強辯，對於一向強調：「調身」先要「調心」的教誨，熊老師對其人其事自是感觸、感慨甚深。

理解熊老師之為人、及「太極導引」之風格，就深知其一貫平實與不爭，自經歷此一波折之後，熊老師決心將《練氣養生入門——太極導引》一書從其他出版社收回，經過了一段時間的深思熟慮後，決定出版系列的練氣養生的叢書，將畢生苦練的經驗與心得正式公開，讓更多的有緣人分享他獨創的「著作」；同時也希望此後所有的及門弟子有一「規矩」可循，教出真正的養身練心的功夫。由於聯經出版公司的正派經營，獲致熊老師的信任，於是研究會的資深弟子幫忙擬出了系列的出版計畫，先行公開了《太極心法》之後，又繼續整理了《練氣養生入門——太極導引》，經過一段時日的用心構思，終於完成了修定版，作為今後演練或教學時的入門教本。熊老師在進入了爐火純青之境後，仍是持續地精進專注，創意充沛。他篤定地說：要認識真正的「太極導引」，就要在不變中求變、在規矩中脫規矩。因此靈感所至為修定版寫了一篇言簡意賅的新序，為修練者開啟一個修真方向。

在編輯過程中，熊老師希望讓大家有機會體驗「太極導引」的真貌，而不是只假用「太極導引」之名而已！決定定版了《練氣養生入門——太極導引》之後，將繼續為有

志進修者再開拓一可深入研幾的世界。預備出版一套完整的影像版，讓外地的有緣者也能依之演練，將來可與書本一齊配合運用。目前熊老師正積極整理另一《太極導引進階》，作為深入堂奧精進之用，以方便作為演練陳派、楊派及郝派太極諸書的基礎。由於熊老師一向專注修練而不務雜事，對於世俗事務也不甚在意，常用道家哲學說：處世如練拳，吃虧就是真功夫。這種柔軟身段在講究功利、現實的現代社會，確是一種異數！所以及門弟子在編輯完成之後，乃決定完整敘述有關「太極導引」的形成、發展原委，既為門內拜師、研習弟子之戒，也為熊老師定版出書之賀，算是了此紛紜俗事，再進一步邁向養身調心的精進之路。

「太極導引」編輯小組記於2001年5月5日

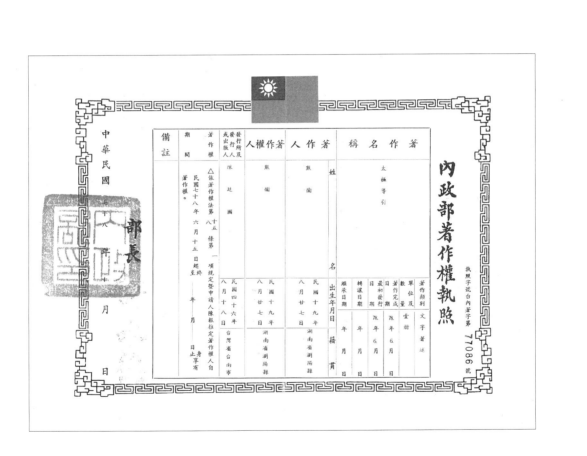

內政部著作權執照

執照字號台內著字第 77086 號

備註	期間 著作權	發行所及 出版人 或發行人	人權作著	人作著	稿名作著		
						姓　　名	太極導引
							著作類別　文字著述
							單位及數量　壹冊
							著作完成日期　78年6月
							最初發行日期　78年6月
			鄭 衛	鄭 衛			轉讓日期　年　月　日
△依著作權法第八十五條第一項規定登記申請人陳報推定著作權人自民國七十八年六月十五日起終至——年——月——日止享有著作權。	民國七十八年八月十八日	陳 廷 國				出生年月日　民國十九年八月廿七日	繼承日期　年　月　日
				民國十九年八月廿七日			
		民國四十六年八月十八日				籍貫　湖南省瀏陽縣	
		台灣省台南市		湖南省瀏陽縣			

中華民國　　年十八　月　日

部長

練氣養生入門：太極導引

2002年5月初版

有著作權・翻印必究

Printed in Taiwan.

定價：書＋VCD新臺幣2500元

單書新臺幣250元

著　者	熊　　衛	
發　行　人	劉　國　瑞	

出　版　者	聯　經　出　版　事　業　公　司	責　任　編　輯	簡　美　玉
臺　北　市　忠　孝　東　路　四　段　5　5　5　號		校　　　對	陳　秀　容
台　北　發　行　所　地　址：台北縣汐止市大同路一段367號		封　面　設　計	韓　光　耀
電　話：（０２）２６４１８６６１		內　頁　設　計	韓　光　耀

台　北　忠　孝　門　市　地　址：台北市忠孝東路四段561號1-2樓

電　話：（０２）２７６８３７０８

台　北　新　生　門　市　地　址：台北市新生南路三段９４號

電　話：（０２）２３６２０３０８

台　中　門　市　地　址：台中市健行路３２１號Ｂ１

台　中　分　公　司　電　話：（０４）２２３１２０２３

高　雄　辦　事　處　地　址：高雄市成功一路３６３號Ｂ１

電　話：（０７）２４１２８０２

郵　政　劃　撥　帳　戶　第　０１００５５９－３　號

郵　　撥　　電　　話：２　６　４　１　８　６　６　２

印　刷　者　雷　射　彩　色　印　刷　公　司

行政院新聞局出版事業登記證局版臺業字第0130號

ISBN　957-08-2394-1（單書平裝）

ISBN　957-08-2395-X（單書平裝附VCD）

聯經網址 http://www.udngroup.com.tw/linkingp

信箱 e-mail:linkingp@ms9.hinet.net

國家圖書館出版品預行編目資料

練氣養生入門：太極導引 / 熊衛著 .
--初版 . --臺北市：聯經，2002 年（民 91）
192 面；20×20 公分 .

ISBN　957-08-2394-1(單書平裝)
ISBN　957-08-2395-X(單書平裝附 VCD)

1. 太極拳

528.972　　　　　　　　　　　　　　91004564